未来のキャリアを創る
リスキリング

デロイト トーマツ コンサルティング

小野 隆＋小出 翔＋町田 幸司

すばる舎

はじめに

　まずは、本書を手に取っていただいて誠にありがとうございます。

　本書は、今の状況を変えようと「リスキリング」に取り組んでいるものの、なかなかうまく進められていないビジネスパーソンが、より体系的・継続的にリスキリングを行い、当初想定していた果実を得ることを手助けさせていただきたいと考えて書き起こしたものである。
　さらに、これからまさに「リスキリングを始めよう」と思い立った方が取り組んでいく際の指針的な位置づけになればと考えている。

　皆さんが、「今の状況を変えたい」と思ったきっかけはさまざまであろう。

「将来を考えると今の会社、今の仕事を続けるままでいいのか?」

「今までと違う新しい職種に就きたいが、それは可能なのか?」

「収入をアップさせたいが、どのようにすればよいのか?」

「副業や兼業で稼げる仕事がしたいが、自分に何ができるのだろうか?」

　振り返れば、この10年間で、さまざまな新しいテクノロジーの発展と、それらを活用した多くのサービスが浸透してきたことにより、私たち個人の生活は大きく変化した。多くの企業や自治体においても、デジタルトランスフォーメーション(DX)へのチャレンジにより、ビジネスのあり方や社会課題への取り組み方が大きく変わってきている。

そして、仕事の進め方や、仕事そのものもコロナ禍をきっかけとしてこの数年で大きく変わってきた。

　出社前提の勤務からリモートワークやハイブリッドワークへ、ピラミッド型組織からプロジェクトワークやアジャイルへ、紙での情報管理からデータ利活用（特にクラウド活用）へ、内製志向から社外連携や社外リソースの活用へと、まだまだ移行途上のものも多いが、大きな流れはこういった変化であろう。

　仕事そのものについては、求人情報に掲載されていたり、おそらく皆さんの社内ジョブポスティングで募集している仕事——例えばプロジェクトマネジャー、ビジネスアーキテクト（ビジネスプランナー）、データサイエンティスト、AIエンジニア、サイバーセキュリティスペシャリスト、UX（User Experience）/UI（User Interface）デザイナーを目にすることが増えてきていると思われる。

　従来からある営業、マーケティング、カスタマーサポート、品質管理、製造、経営企画、経理、財務、人事、総務の職種においても、DXリテラシーが求められたり、デザイン思考・データ利活用・プロジェクトワークなどの新しい要素が求められてきている。

　今後、グリーントランスフォーメーション（GX：Green Transformation＝脱炭素社会のため、既存の化石燃料から再生可能なエネルギーに転換していく取り組み）により、仕事に求められる要素は、さらに変化していくだろう。

　このような状況の中で、

「大きな変化の渦中にある自分は、しっかり適応できているのだろうか?」

「この変化の中で、自分にできることはもっとあるのではないか?」

「自分自身のスキルや能力は10年前から更新できているのだろうか?」

といったように、皆さんが「危機感」や「不安」を感じているのであれば、それはごく自然なことである。

　このような大きな流れに乗って、より自分がワクワクする仕事、より成長できる仕事、より報酬がいい仕事にチャレンジしてみたいと考えるのも当然だと思う。リスキリングにはいくつかのプロセスがあるが、こうした気持ちはまさにリスキリングの入口である「**気づき**」（→143ページ）である。

　皆さんの中には、まさに入口に立ってこれからの進み方を考えている方もいれば、試行錯誤をしながら奥へ奥へと歩みを進めている方、途中で立ち止まってしまっている方などさまざまだと思う。私たちは本書を通じて、この後、皆さんに訪れる「リスキリング」というジャーニーをご一緒し、僣越ながら、できればシェルパのように先導したいと考えている。

世の中や企業から見たリスキリングの必要性

　既に日本の多くの企業はリスキリングに取り組み始めている。私たちが2023年8月に公開した「デジタル人材育成に関する実態調査」によると、調査対象とした252社のうち95％がデジタルトランスフォーメーション（DX）の取り組み・検討を進めていた。（→59ページ・図1-17）

出典：デロイト トーマツ コンサルティング「デジタル人材育成に関する実態調査2023」（2023年）
https://www2.deloitte.com/jp/ja/pages/human-capital/articles/hcm/digital-hr-development-survey2023.html

　DXの黎明期、担い手となる人材は、社外からの採用者であったケースが多い。しかし労働市場では、デジタル人材が逼迫するとともに、DXが自社事業や業務、経営のあり方を変える方法の1つとなり、社内人材がリードする必要性が生じたために、リスキリングの必要性が飛躍的に増加したのである。海外でも社外労働市場からの人材調達だけでなく、社内の人材流動化が進んでいることが報告されている。

私たちが11年間以上継続して行っている「デロイト・グローバル・ヒューマン・キャピタル・トレンド」の2019年版において、「これまで社外からの採用にコストをかけてきた企業群が、今後は社内での育成・ローテーションにコストをかける」という結果が出たことがあった。

　特にアメリカ企業においては、ジョブ型が浸透していることから、人材を調達する場合、社内外に募集をかけることが多かったが、それだけでは人材が賄いきれなくなったため、リスキリングとローテーションに着手したものと認識している。

　日本に話を戻すと、政府が令和5年度のいわゆる骨太方針において、「三位一体の労働市場改革」として、「リスキリングによる能力向上支援」「個々の企業の実態に応じた職務給の導入」「成長分野への労働移動の円滑化」を掲げた。これから令和6年度の予算に反映され、施策の実施が進むと考えられる。

　この「三位一体」の趣旨として、内閣府の資料によれば、

──働き方は大きく変化している。「キャリアは会社から与えられるもの」から「一人ひとりが自らのキャリアを選択する」時代となってきた。職務ごとに要求されるスキルを明らかにすることで、労働者が自分の意思でリ・スキリングを行い、職務を選択できる制度に移行していくことが重要である。そうすることにより、内部労働市場と外部労働市場をシームレスにつなげ、社外からの経験者採用にも門戸を開き、労働者が自らの選択によって、社内・社外共に労働移動できるようにしていくことが、日本企業と日本経済の更なる成長のためにも急務である。──

出典：内閣官房・新しい資本主義実現会議「三位一体の労働市場改革の指針」令和5年5月16日
https://www.cas.go.jp/jp/seisaku/atarashii_sihonsyugi/pdf/roudousijou.pdf

とある。企業においても政府においても、リスキリングに関する機運は大いに高まっており、個人へのサポートは今後ますます手厚くなる。

リスキリングを実践するうえでの留意点

　既にリスキリングに取り組まれている方は承知されているであろうが、リスキリングを実践するうえで大きく2つ、認識しておくべきことがある。

1）リスキリングを実現するにはいくつもの「壁」がある

　リスキリングは**単に学習することだけでなく、今までとは異なる社内・は社外の仕事に就いて、そこでパフォーマンスを出すこと**が求められる。

　リスキリングを実現させるにはいくつもの「壁」があり、それらを乗り越えていかなければならない。

　日本人は、「スキルを身に付ける」というと、すぐに資格取得に目を向けがちであるが、資格を取ったからといって新しい仕事ができるようになるわけではない。

　私たちの会社でも、毎年、コンサルティングファーム以外の事業会社から多くの中途入社者を迎えている。

　前職では優秀な人材で、素晴らしいパフォーマンスを実績として残されてきた方々ではあるが、必ずしも前職の経験がコンサルティングの現場で十分生かせるわけではない。

　前職で必要とされていたスキルと、コンサルティングで必要とされるスキルは異なるため、いくら優秀な人材でも自身をリスキリングしないとパフォーマンスが出せないのである。

　そのようなスキルの違いに気づき、行動を変えていくには、同時に自身の「マインド・スタンス」も変える必要がある。

　さらに、リスキリングにはそれなりの時間が必要で、その時間を捻出するため、「時間の組み換えの工夫」や「周囲・家族の理解」も必要になる。

２）リスキリングは一度で終わるものでなく「継続」が必要

　リスキリングは、「今とは異なる仕事に就く」という短期的なプロセスにおいても、長いキャリアを通して見ても、継続的に行っていかねばならないものである。

　社内・社外で新しい仕事に就く場合、その仕事のスタートラインに立つにもリスキリングは必要だろうし、私たちの会社のように、入社してから仕事に求められる期待値を理解し、パフォーマンスを出すため、当面、リスキリングを継続しなければならないこともあるだろう。

　今後、仕事に求められるスキルはどんどん変化していく。1つの仕事を取ってみても、従来のように、新入社時とその後の数年間で身に付けたスキルが、そのまま十数年間使えるような時代は、もはやとうの昔に過ぎている。

　仕事に必要な知見・技術・スキルのトレンドは、今後も変化し続けることから、仕事を変えないまでもスキルを高めること、いわゆる「アップスキリング」についても必然的に継続していかなければならない。

　もう少し俯瞰的に見れば、数年前から多くの企業で取り組まれているデジタルトランスフォーメーション（DX）は、仕事に求められるスキルの種類や要素を大きく変えたが、今後は生成AIによって、仕事だけでなく人間が担う「役割（ロール）」やデータの利活用に関わる「カルチャー」も、大きく変化するだろう。

　さらに、グリーントランスフォーメーション（GX）により、デジタルよりも広範囲な仕事が創出されていくものと考えられる。

　このように、今後は「仕事そのもの」や「仕事に求められるスキル」が変わり続けることから、「リスキリング」と「アップスキリング」を組み合わせながら、継続的にスキルを更新していくことが必要になるだろう。

本書をご活用いただくにあたり

　企業は自社の人材ポートフォリオを経営方針・事業戦略に即した形にフィットさせていく手段の1つとして、リスキリング/アップスキリングの計画を立てて実践する必要がある。

　ただし、その変化の過程（トランスフォーメーション）において、従業員の自助努力だけに頼るのではなく、組織として時間や費用を投下する方向に舵を切っている企業が増加している。それは、従来型のOJTや就業時間外で行う自己学習とは一線を画す考え方である。

　一方、リスキリング/アップスキリングに自身の時間を費やして取り組む主体は個人である。とりわけ、社外の仕事に就こうとする場合、個人が主体となることがほとんどだろう。

　多くの場合、現在行っている業務と並行して行うことになるため、いかに趣旨を腹落ちさせ、本人が効果的・効率的に取り組むかが肝要である。

　従来、日本企業ではなかなか働き方改革が進まなかったが、コロナ禍の際、リモートワークやハイブリッドワークに移行できたのは、企業のサポートもあったが、本質的には私たち一人ひとりが必要性を感じ、実際に実行に移したからである（近年また揺り戻しが起きてはいるが…）。

　近年、「情報の民主化」「企業情報の可視化」「Z・ミレニアル世代を中心としたキャリア観の変化」により、企業選択における個人の力が強くなってきている。

　通常、私たちは、個人ではなく企業に対するコンサルティング支援を行っており、書籍でも企業を対象読者とするケースが多い。しかし、リスキリングをテーマとした本書では、あえて個人を対象とした書籍を発行したいと思い立った。

　リスキリングは世の中から必要とされている一方、個々人が長いキャリアの中で継続的に取り組むべきものであり、決して簡単な道のりではない。

私たちは、リスキリングに実際に取り組む方々の発意に敬意を表し、行動変容をサポートしたいと考えた。

　そのため、本書においては、主に個人を対象として、コンサルティングファームとして実際に試行錯誤してきたリスキリングの方法論を紹介するとともに、可能な限り個々人にフィットするため、複数のペルソナを用意した。これらを通じて、皆さんそれぞれの状況に応じたリスキリングを思い描いていただきたいと考えている。

　本書では日本や海外の企業・政府の動向についても記載している。個人の方々にも参考になる内容だと考えているが、リスキリングに興味をお持ちの企業経営者、現場の管理職、人事担当者の皆さんも、ぜひお目通しくださり、自社の人的資本経営にお役立ていただきたい。

　本書はどこから読んでいただいても構わないが、第1章と第5章は全体観を掴んでいただくために参考になると思われる。

　個人の方は第2章と第3章、企業経営者や企業の経営企画部門・DX推進部門・人事部門の方は、特に第4章にお目通しいただきたい。

　本書ではご自身のリスキリングのプロセスを振り返ることができるよう、ワークシートも用意するとともに、今後、リスキリングに影響しそうな、さまざまなテクノロジーの潮流も掲載した。ぜひ、末永く繰り返し本書をご活用いただきたい。

　リスキリングは、学習することがゴールではなく、新しい社内外の仕事に就いて、そこで求められるパフォーマンスを上げることが必要になる。

　それには、個々人の強い思いや、日々の行動を変えることが大切だと考える。本書がその一助になれば幸いである。

著者一同

第 1 章
今、なぜリスキリングが叫ばれるのか

第 **2** 章 ─────────────────────

7人のリスキリングストーリー

第 3 章

リスキリングの実践

第 **4** 章 ─────────────

企業によるリスキリング

第 **5** 章 ─────────────

リスキリングの未来

今、なぜ
リスキリングが
叫ばれるのか

01 | 「リスキリング」とは何か？

リスキリングの定義

　世の中に新しい言葉や動きが現れた際、自分自身の活動に「取り入れる/取り入れない/様子見する」という判断を行うには、「具体的にどのような活動・意味なのか？」をイメージすることが重要である。

　本書においてもまずは、「リスキリング」や「スキル」を定義したうえで、関連する言葉や、混同しそうな言葉との違いを確認することで、読者の皆さんとの目線合わせを行いたい。

　まず、本書のメインテーマである「**リスキリング**」について、私たちは「**企業・組織が自社の事業・業務変革に必要な人材像、およびスキルを設定・提示し、個人**（従業員、あるいは候補となる人）**が、それらを身に付けること。さらに、それによって社内にて新たなジョブに就く、あるいは社外へ労働移動を行い、望むらくは、そこでパフォーマンスを上げること**」と定義している。

　リスキリングに近い概念として「**アップスキリング**」がある。こちらは同じ仕事において必要となるスキルが変化・高度化していく中で、「**現在の仕事のパフォーマンスを高める、あるいはより上位の仕事を担うために、企業・組織が策定・提示したスキルを新たに身に付けたり、スキルを更新し、望むらくは、それによりパフォーマンスを上げること**」と定義できる。

　リスキリングとアップスキリングの明確な違いは、**社内、あるいは社外の新しい仕事に就くことを目的にしているかどうか**であると考えられる。

今後、個人のキャリアの観点からは、おそらくリスキリングとアップスキリングを組み合わせていくことになる。本書においては、基本的にリスキリングについて言及していくが、アップスキリングを指している際には明示的に記述する。リスキリングの定義におけるポイントは、

　　1）登場人物として企業・組織と個人のそれぞれが必要ということ
　　2）リスキリングの主体者は個人であること
　　3）出口として社内 / 社外において、現状とは異なる仕事に就くこと

である。リスキリングを実行する主体は個人である一方、企業・組織にとっては、今後の事業変革を推進する能力（ケイパビリティ）確保の手段である。まさにこの点がリスキリングの大きな特徴の1つであり、**個人と企業・組織の観点のそれぞれから考える必要がある**と言える。

　日本に限らず世界的に見ても、企業・組織の立場について言えば、多くの企業・組織は、自社事業や業務変革（トランスフォーメーション）を行っていくため、組織として必要な能力（ケイパビリティ）を、どこからどのように確保するかが大きな課題になっている。
　多くの場合、これまで企業・組織が行ってきた事業活動とは異なったアクションを取らなければならないため、社内にある既存の能力（ケイパビリティ）を使って、これまで同様に仕事を進めるだけでは、トランスフォーメーションの実現は難しい。

　企業・組織の能力（ケイパビリティ）として、今後は生成AIに代表されるようなテクノロジーも含まれるようになっていくが、やはり一番重要なのは「人材」である。人材を確保するには、ごくシンプルに言うと、

- 外部からの人材採用

- 社内人材の育成・再配置

- 社外の企業・組織・個人との連携

- 社外の企業・組織の買収

の4種類の方策が考えられる。いずれの選択肢を取るにしても、「今後の変革を担っていくために、どのようなチームが必要となるのか」「そのチームを構成するために、どのような人材が何人必要なのか」ということを設定する必要がある。

　このプロセスにおいて設定されるのが、企業・組織が自社の事業・業務変革に必要な「人材像」「スキル」「人材ポートフォリオ」になる。

　一方、個人の立場から、リスキリングの出口を「社内的に新たなジョブに就く」「社外に労働移動する」とした場合、現在所属している企業・組織や自身が「社内/社外いずれの場合も、ターゲットとしている企業・組織の必要としている人材像・スキル」を把握できていれば、「自分自身がどのようなスキルを、どのレベルまで身に付ければよいのか」を考えることができ、努力のベクトルを定められるだろう。

　とはいえ、「現在所属している企業・組織において『必要とされる人材像・スキル』といったものを見たことがない」と感じる読者の方もいらっしゃるだろう。また、社外への転職を考えた場合、「その会社で求められている人材像やスキルはわからないのではないか」という疑問も生じる。

目指す人材像とスキル

　このように、明確な方針・指針が見当たらない場合、目指す人材像やスキルを、どのようにイメージするかについて考察してみたい。

まず、多くの企業・組織において、**人材像やスキルを定義する機能**を担っているのは、いわゆる基幹人事制度（等級・評価・報酬）のうち、**等級制度**と**評価制度**になる。これらの制度において、等級別、職種別などのくくりで、何らかの定義が行われているはずである。

　企業・組織によっては、基幹人事制度とは別に、**人材開発方針**といった名称で、求める人材像やスキルを設定しているところもある。

　ただし、定義の「粒度（詳細の度合い）」についてはまちまちで、多くの場合、「求める人材像」と「必要な能力（あるいはコンピテンシー）」は設定されているものの、求められる「スキル」までは具体的に分解されていないケースが多いように思われる。

　日本でも導入が増えている「ジョブ型人事制度」においては、等級制度の部分を「**ジョブディスクリプション**」として設定しているケースが多いが、基本的にはジョブの説明と役割責任が中心で、「ジョブを効果的・効率的に担うための具体的なスキル」まで定義されているケースは、私たちのこれまでの知見・経験から見ても、さほど多くない。

　また、私たちの調査結果によると、ジョブ型が普及している海外においても、グローバル経営者の多くが、「標準的なジョブ定義は、仕事とスキルのニーズ変化に追いついていないと感じている」と回答している。

出典：Deloitte Development LLC「The skills-based organization:A new operating model for work and the workforce」2022
https://www2.deloitte.com/content/dam/insights/articles/us175310_consulting-the-skills-based-org-report/DI_The-skills-based-organization-report.pdf

　ジョブ型にしてもメンバーシップ型にしても、DXやGXのような比較的新しい領域の仕事に紐づく役割（ロール）やスキルを全社的な人事制度に盛り込むのは一定の期間を要することから、課題として認識はしているものの、まだ十分に行えていない企業が多いと考えられる。

　とはいえ、新しい領域における人材確保は急務であることから、例えばDXやGXについては、一般的には全社推進部門、ビジネス部門、人事部

門が連携、あるいはいずれかの部門が主導することにより、基幹人事制度とは別枠で必要な人材像やスキル定義を行っているのが実情であろう。

全社や部門の仕組みとしてオーソライズされていなくとも、実態として、何らかのものが設定されていることも十分あり得る。

DXにおいて必要な人材ニーズの定義をしている企業は、「デジタル人材育成に関する実態調査」（2023年8月）によると調査対象252社のうち24%にとどまっている。対象企業のうちDX銘柄やDX認定を取得しているDX先行企業においては50%となり、ほぼ倍増するものの、まだ多くの企業がこれからの段階であると認識している。

出典：デロイト トーマツ コンサルティング「デジタル人材育成に関する実態調査2023」
https://www2.deloitte.com/jp/ja/pages/human-capital/articles/hcm/digital-hr-development-survey2023.html

デジタル人材育成と人事制度との連動を行っている企業は、対象企業全体で5%、DX先行企業を抜き出しても8%にとどまっていることから、各社ともこれから取り組んでいく領域であることがわかる。GXについては、まさにこれからという領域のため、具体的な人材像やスキルを定義している企業は、DXよりもさらに少ない状況であると考えられる。

このとおり、本来はリスキリングの前提となる必要な人材像やスキルは企業・組織にて設定・提示すべきものではあるが、必ずしもそれらが明示されているわけでない。だからといって、待ちの姿勢でいるだけではリスキリングを開始できないため、少なくとも自身の努力の方向感を掴めるような情報は把握し、目標設定につなげられるようにしておきたい。

リスキリングに関する具体的な方法論は第3章で紹介するが、基本的な考え方としては、次の3つのアクションが重要であると考える。

いずれも「自ら情報を取りに行く」という行動が重要であり、決して受け身でできるものではない。

1）人材像・スキルのスタンダード（標準形）を確認・把握する

2）人材像・スキルに関する仮説を設定して継続的に情報収集する

3）具体的な役割（ロール）モデルをイメージする

リスキリングに取り組む際の「人材像」や「スキル」を確認するにあたって、まずは全体を俯瞰して「自分なりの地図」を作っておきたい。

それには、一般的に「スキルスタンダード」と呼ばれているものを参照し、標準的な役割（ロール）やスキルを把握することが有効である。

ここでは「DXに関するスキル標準」を例に挙げる。2022年に情報処理推進機構（IPA）が策定・発表した、「**デジタルスキル標準**（DSS）」は特定の業界・業種に関わらず、すべての業界・業種に適用・応用できるように策定されたものである。このうち、「**DXリテラシー標準**（DSS-L）」は、働き手一人ひとりがDXに参画し、その成果を仕事や生活で役立てるうえで必要となるマインド・スタンスや知識・スキルを示す学びの指針として策定されている。また、「**DX推進スキル標準**（DSS-P）」は、DXを推進する人材の役割（ロール）や習得すべき知識・スキルを示し、それらを育成の仕組みに結び付けることで、リスキリングの促進、実践的な学びの場の創出、能力・スキルの見える化を実現するために策定されている。

DX推進に必要な人材類型（ビジネスアーキテクト/デザイナー/データサイエンティスト/ソフトウェアエンジニア/サイバーセキュリティ）について類型ごとに、役割（ロール）および必要なスキルを定義している。

参考：情報処理推進機構（IPA）「デジタルスキル標準」

https://www.ipa.go.jp/jinzai/skill-standard/dss/index.html

さらに、海外のスタンダードを確認するということであれば、アメリカのO*NET Online、SFIA、シンガポールのSkills Framework for ICTなども参考になるだろう。

スキルスタンダードを確認・把握した後は、考えられるさまざまな手段を使って、自社や自身がターゲットとする企業・組織における人材に関する情報収集を継続的に行うことが望ましい。

このような情報は必ずしも、必要な人材像やスキルを明記しているわけではないかもしれないが、「その企業や組織が、事業や業務のトランスフォーメーションを行う場合、こんな人材が必要になりそうだな」というように、仮説を立てて想定してみることで、少なくとも大枠でリスキリングの方向性を掴みに行くことが必要だろう。

自社ならDXの社内プロジェクトの情報が入手できる可能性もあるし、実際にプロジェクトの関係者に話を聞くこともできるだろう。また、自社から社外へ向けた情報発信や採用情報が参考になることも多い。

社外の企業・組織の場合でも、企業ホームページやSNSに加え、キーマンインタビューの記事からもDXの取り組み情報を得ることができるだろうし、直接、採用情報からも情報を得られる。

身近にいる人をロールモデル（お手本）として、どのような考え方・動きをしているのかを観察し、自分に取り入れることも有用である。この際、重要なのは、必ずしも一人の人間のすべてを見習う必要はないということである。筆者は「ロールモデルはモンタージュ（複数の人物像を継ぎ合わせたもの）でよい」と考えている。

「優秀な人材」といっても完璧な人間はいない。同じ人の中でも「この人のここは見習いたいが、ここはちょっとどうか」と思う点もあるだろう。ロールモデルを設定する際は、自分が「いいな」と思う人のうち、参考になる部分・自分に取り入れたいと思われる部分をつなぎ合わせて、「自分独自の目指したいロールモデル」を想定すればいい。

ロールモデルの要素を持っている人は、必ずしも社内に限らず社外にいるかもしれない、上司とは限らず、同僚や自分よりも若いメンバーかもしれない。前提を置かずに情報収集することをお勧めする。

ビジネス構造から「スキル」を理解する

　ここまでリスキリング（およびアップスキリング）の定義について触れてきたが、そもそも改めて身に付けようとしている「**スキル**」とはどのようなものだろうか？「スキル」という言葉は、日常生活の場面で幅広く使える便利な言葉であることから、具体的に何を指すのか見えにくくなることが多い。ここでは、ビジネス、人材マネジメントの観点からスキルの定義について考察したい。

　「skill」を辞書で引いてみると、「an ability to do something well, especially because you have learned and practiced it」と記載されている。直訳すると「**何かをうまくやる能力、特にそれを学んだり実践してきたことによる**」となる。

出典：オンライン版 ロングマン現代英英辞典,ピアソンPLC,2023/12/22
https://www.ldoceonline.com/jp/

　人事領域のテクニカルな世界には、職務遂行能力、コンピテンシー、発揮能力と潜在能力など、さまざまな概念があってわかりにくい面もあるのだが、この定義は全体感を掴む意味ですっきりしていて大変わかりやすいと思う。

　この定義の1つめのポイントは、「**何か**（この場合は仕事）**をうまくやる**」という部分である。「単に知っているというレベルではなく、実際に仕事においてパフォーマンスを発揮することで、アウトプットとして一定のクオリティを出すことができるレベル」と解釈できる。

　また、「**学んだり実践したことによる**」という点も興味深い。「個人が先天的に保有しているものではなく、後天的に身に付けることができるもの」と解釈できる。

　もちろん人によって限界や向き不向きはあるとは思われるが、基本的には努力することが報われる領域ということである。

同様に「talent」を辞書で引くと、「a natural ability to do something well」つまり、「何かをうまくやる生まれつきの才能」と記載されている。主に芸術家や芸能の世界が想起される。

出典：オンライン版 ロングマン現代英英辞典,ピアソンPLC,2023/12/22
https://www.ldoceonline.com/jp/

　もちろん、このような世界も大変な努力を伴うのであろうが、その中でも努力しても到達が難しい能力も存在するだろう。

　次に、ビジネスにおけるスキルの位置づけを整理していきたい。人事領域の著名なアナリストであるJosh Bersinは、スキルの位置づけを、ケイパビリティ（能力）と紐づけて次のように整理している。

──企業が本当に必要としていることは、人々が実際の仕事で担う役割（ロール）を遂行するために必要な、コアとなるケイパビリティ（能力）の特定である。そして、ケイパビリティ（能力）は、複数のスキルによって構成される。人事の採用責任者の例を挙げると、求められるケイパビリティ（能力）の1つに「採用ブランディングを構築する力」がある。このケイパビリティ（能力）には、ブランドのポジショニングやメッセージング、競合企業分析、SEOや広告といった、複合的領域にわたる多くのスキルが含まれる。──（翻訳は本書著者による）

出典：Josh, Bersin, HR Technology 2021: The Definitive Guide: Everything you want to know about buying, implementing, and investing in HR Technology Kindle Edition, 2020年12月23日

　このような考え方を踏まえ、さらにスキルの位置づけや整理の仕方について考察してみたい。（図1-1）

　スキルが「仕事をうまくやるための能力」であるならば、出発点は仕事になるはずである。

図1-1　ビジネスにおけるスキルの位置づけ

ビジネスプロセス	想定タスク / アウトプット				人材タイプ		
					人材タイプ A 役割(ロール)	人材タイプ B 役割(ロール)	・・・
構想策定	ステップ 1 課題の発見	外部/内部環境の分析(トレンド分析含む)	タスク	アウトプット			
		あるべき姿や変革課題の特定	タスク	アウトプット			
	ステップ 2 解決策のデザイン	DX の方向性明示	タスク	アウトプット			
		アーキテクトの構想策定(デジタル・データ)	タスク	アウトプット			
	ステップ 3 DX 計画策定と提言	DX 計画の作成(と提言)	タスク	アウトプット			
実証検証	ステップ 4 プロトタイプの作成と検証	・・・	・・・	・・・			
		・・・	・・・	・・・			
本格導入	ステップ 5 ソリューションの本格導入と DX の加速	・・・	・・・	・・・			
運用・管理	ステップ 6 構築した DX ソリューションの運用・管理	・・・	・・・	・・・			
		・・・	・・・	・・・			

スキル a／スキル b／スキル c／スキル d／スキル e／スキル f／スキル g／スキル h／スキル i／スキル j／スキル k／スキル l

出典：デロイト トーマツ コンサルティング

　まず、**仕事をいくつかの種類に分類**する。もちろん仕事の捉え方は多種多様であるが、「ビジネスとして意味のある機能の大きさ」にくくるのがよい。例えば、法人向け営業、個人向け営業などの単位で、DXであれば新規ビジネス構築・推進、既存ビジネス再構築というくくりが考えられる。

　次に、それらをビジネスプロセスに分解していく。ビジネスプロセスとは一定の大きなタスクの塊であり、例えば、構想策定、実証検証、本格導入、運用・管理の大枠のステップが該当する。

　さらにそれらをもう少し**細かいタスクに分解**していく。

　例えば、ステップ1「課題の発見」、ステップ2「解決策のデザイン」、ステップ3「 DX計画策定と提言」に分解した場合、ステップ1は、さらに

「外部/内部環境の分析」「あるべき姿や変革課題の特定」などのタスクに分解でき、それぞれそのタスク実行に必要な**インプットとタスクを実行したことによるアウトプットが紐づく**形になる。

さらに、**仕事だけでなく、それらを担う人（プレイヤー）の観点を含めて整理**を行っていく。タスクをどのようなチームや役割分担で推進するかを想定しながら、どのようなスペックの人材（実際に担える人がいるのであればその人をイメージすることが望ましいが、必ずしも担える人が実際に存在しなくてもよい）がどのタスクを担うのかを整理する。そして、**検討した複数のタスクをまとめて、人に紐づく役割（ロール）という形で定義**する。

そのうえで、改めて人に紐づく役割（ロール）ごとのタスクとアウトプットを整理し、それをうまくやるために**必要なスキルを紐づけ**ていく。

スキルについては、前述のとおり、「何か（この場合は仕事）をうまくやる能力」「学んだり実践したことによる能力」という観点から、非常に幅広く捉えることができるが、一般的には**テクニカルスキル、ヒューマンスキル・コンセプチュアルスキルに区分**することが多い。

テクニカルスキルは、タスクを実行するために直接的に必要なスキルであり、業務スキルやテクノロジースキルと言い換えることができるだろう。デジタルスキル標準の「DX推進スキル標準（DSS-P）」においては、ビジネス変革・データ活用・テクノロジー・セキュリティといった区分がこれにあたる。

出典：情報処理推進機構（IPA）「DX推進スキル標準（DSS-P）概要」デジタルスキル標準, ver1.0
（共通スキルリストExcel版）
https://www.ipa.go.jp/jinzai/skill-standard/dss/about_dss-p.html

ヒューマンスキル・コンセプチュアルスキルは、タスクをより効果的・効率的に遂行するために間接的に必要なスキルであると言える。タスクを遂行するさまざまな場面において必要となることから、タスクと直接的には紐づけにくいものの、包括的に必要となるスキルである。

テクニカルスキルは、より業務寄りなものであるので**ハードスキル**と呼ばれることが多く、ヒューマンスキル・コンセプチュアルスキルは、より人間的な思考・行動に関連するスキルなので**ソフトスキル**と呼ばれることがある。

ここまで、私たちの知見・経験に基づき、ビジネスにおけるスキルの整理を行ってきたが、これらに加えて、**仕事を行う際の意識・姿勢・行動**については、「**マインド・スタンス**」あるいは「**ビヘイビア**」と呼び、スキルを実際の仕事において実践するために必要な「ベース」となる（区分の仕方によっては、スキルの一種として見なすこともある）。

まさにこの意識・姿勢・行動の転換こそが、リスキリングにおいて非常に重要な意味を持つ。

出典：情報処理推進機構（IPA）「DXリテラシー標準（DSS-L）概要」
https://www.ipa.go.jp/jinzai/skill-standard/dss/about_dss-l.html

なお、「知識」については、「インプットはスキルではない」として、スキルと区別されるケースがある。確かに「知識がある」ということだけで「スキルがある」という判断はしにくいが、一般的なスキルの習得段階を踏まえた場合、まず「**知る**」ことからスタートし、その後、「**サポートを受けながらできる**」「**独力でできる**」「**人に教えることができる**」「**第一人者として認められる**」などのステップを踏むと考えられることから、第一段階の「知る」をすべて否定できるものではない。したがって、「知る」ためのアクションもリスキリングの最初の段階として必要なものである。

デジタル人材育成における、スキルアセスメント・スキルチェックの策定・実施において、知識についてはこれらの段階を評点のスケールとして用いることが多い。

「資格取得」については、知識と同様、「資格を持っている」ことだけで「スキルがある」という判断もしにくい。資格の種類にもよるが、企業によっては、スキルを公的資格やベンダー資格と紐づけることにより、一定

のスキルを身に付けた証拠（エビデンス）として扱うことがある。昨今では、各団体や企業において、社内資格を取得した際にデジタルバッジを発行することで一定のエビデンスとするケースも増えてきている。

　私たち日本人は、「スキルを身に付ける」というとすぐに資格取得に目を向けがちであるが、資格を取ったからといってすぐに新しい仕事ができるようになるわけではないことは皆さん十分おわかりだろう。

　一方で、資格を取得するには膨大な学習時間を確保し、学習プロセスを回すことが求められることから、資格を多く取得されている方は尊敬に値すると考えている。資格を持っているということはわかりやすいので、自身が仕事にアサインされる機会を増やすことにつながる効果があるだろう。

　実際の仕事においてパフォーマンスを出すには、言うまでもなく資格でカバーしている以外のスキルも必要となることが多いことから、資格を取得することのみにこだわらず、「その資格を活用することによって成し遂げたいのはどのような仕事なのか」「その仕事において必要なスキルは資格によりカバーされている領域の他にどのようなものがあるか」ということについても幅広く考察し、見定めていただきたい。

リスキリングにおけるアンラーニングの必要性

「アンラーニング」という言葉を最近よく目にするようになった。リスキリングとアンラーニングとは密接な関係があると考えており、リスキリングを確実に行うには、具体的に2種類のアンラーニングが必要になる。

　それは、仕事を行う際のスキルに着目した「1）**スキル再構築のためのアンラーニング**」と、意識・姿勢・行動（ビヘイビア、あるいはマインド・スタンスとも呼ぶ）に着目した「2）**仕事を行う姿勢を変えるためのアンラーニング**」である。

1）スキル再構築のためのアンラーニング

　2種類のアンラーニングのうち、まずは「スキル再構築のためのアンラーニング」について説明していこう。

　これまでとは異なる社内/社外の仕事においてパフォーマンスを出すには、その仕事において必要とされるスキルをしっかりと整理したうえで、自分自身がどの程度身に付けているのか/いないのか。

　あるいは、これまで身に付けたスキルをカスタマイズしなければならないのかなど、自身の「**スキルの棚卸し**」を行い、再構築を行う必要がある。

　しかし、自身に不足しているスキルを見積もる際、どうしても過去の成功体験に引きずられがちになり、新しい仕事に必要なスキルが頭でわかったとしても、自分自身に何が不足しているのかを客観的に見つめにくくなることが多い。したがって、アンラーニングという文字のとおり、これまでの成功体験を一度全部忘れ、再度必要なスキルを整理し、自身のスキルの状況がどうなっているかを点検する作業が求められる。

　スキル再構築のためのアンラーニングは、本来、社内外の新しい仕事に就いてからではなく、その前段階で行うことが望ましい。

　とはいえ、机上ではなかなかリアリティを持ちにくいため、可能であれば、実際にその仕事を体験してみる機会を持つのがいい。社内プロジェクトへの参画、他社への出向、副業の実践経験が得られるのであれば、実践の中で「気づき」を得る機会にも恵まれるだろう。

　そこまでできなくても、社内/社外でワークショップ形式の実践型トレーニング機会が得られるのであれば、実際にアウトプットを行い、それを他者からフィードバックしてもらうことにより、「気づき」を得るきっかけを自身で作り出すことができる。

　実際には、新しい仕事に就いてから、本格的にスキルの再構築を行うことになる。

実際の仕事の中でも、アンラーニングにより、一度自身のスキルを白紙にしてから取り組んでみることが望ましい。業務を行う際、うまくいったところと、そうでないところについて、単にその業務がうまくいった/うまくいかなかったで終わりにするのではなく、周囲にフィードバックをもらいながら、「どのスキルが充足しているからこの仕事のこの部分がうまくいき、どのスキルが充足していないからこの仕事のこの部分がうまくいかなかった」という振り返りと、今後の取り組み事項を整理しながら、自身のスキルの状況を整理し続けることが必要である。

　このような整理を行う際には「スキル一覧」があると有用である。その企業にスキル一覧がある場合は参考にすべきだし、もしなければ、外部の「スキルスタンダード」を用いながら自身で棚卸しを行い、周囲からフィードバックをもらうのがよい。

2）仕事を行う姿勢を変えるためのアンラーニング

　次に、「仕事を行う姿勢を変えるためのアンラーニング」について説明しよう。

　私たちが、ある仕事を確実に行い、パフォーマンスを出すには、その**仕事に適した意識・姿勢・行動**が存在する。これらを「**マインド・スタンス**」、あるいは「**ビヘイビア**」と呼ぶことが多い。

　例えば、長い期間、段取りをしっかり組んで進めるべき仕事なのか、柔軟に状況を見て軌道修正しながら進めるべき仕事なのかという違いもあるだろうし、リスクを積極的に取りに行く仕事なのか、リスクを最小限に抑えることが必要な仕事なのかといった違いもあるだろう。

　これらは、必ずどちらか一方が良いということではなく、仕事の特性や、同じ仕事であっても状況によって異なる。こうした意識・姿勢・行動は、比較的「暗黙知」になりやすいことから、的確に把握するには周囲に確認するといった意図的なアクションが必要となる。

ビジネスパーソンとして優秀な方ほど、これまで数々の成功体験を積み上げてきた「自分なりの仕事への向き合い方や進め方」が確立されており、それを一定の価値基準として日々の業務遂行や判断において活用している。

　しかし、残念ながらそれらは新しい仕事において、必ずしもそのまま適用されるわけではないし、そうした価値基準が自身の中で言語化されていないことも多い。

　特に新しい領域にチャレンジしていくDXやGXのような仕事では、これまでの仕事とは異なる意識・姿勢・行動が求められることが多いため、なかなかうまくいかないことも多い。

　例えば、「DXリテラシー標準（DSS-L）」では、社会変化の中で新たな価値を生み出すために必要な意識・姿勢・行動として、「顧客・ユーザーへの共感」「常識に捉われない発想」「反復的なアプローチ」「変化への適応」「コラボレーション」「柔軟な意思決定」「事実に基づく判断」を挙げている。これらは、いわゆる定常的な業務を行っている過程で、なかなか身に付けにくいものばかりではないか。

　新しい仕事においてパフォーマンスが上がらない場合、「前の仕事ではこうだった、以前はうまくいったのにどうもおかしい」というふうに考えてしまうことが多い。優秀な方ほど、どうしても以前の成功体験に引っ張られがちと思われる。

　本書冒頭の「はじめに」でも紹介したとおり、私たちデロイト トーマツ コンサルティングに事業会社から転職してきたメンバーを数多く見てきたが、「以前の仕事でできていた自分」と「今の仕事でパフォーマンスが上がっていない自分」とのギャップに気づき、それを受け入れるまでには、周囲が丁寧にフィードバックしたりサポートしても、相応の期間（数か月間から数年間）を要する。

　この期間中に本人が示す反応も人によりさまざまである。「自分はでき

るはずであり、環境や周りが悪いのだ」と他責に走る人、逆に必要以上に自責する人がいる。あるいは、「自分にはヒューマンスキル・コンセプチュアルスキルは備わっているはずなのでテクニカルスキルが身に付けば通用するはずだ」と考えて業務的なスキル習得のみに注力する人もいるだろう。

こういった状況を脱するには、「**アンラーニング**」すなわち、「**自身がもともと持っている仕事上の強みとは何か？**」を言語化し、それを新しい環境の中でどのように適用できるようにするか。**新たに身に付ける意識・姿勢・行動は何かについて、客観的に整理しなおすことが重要**なのである。

アンラーニングができるまでの間は、なかなか学習曲線（ラーニングカーブ）が上がっていかず、本人も周囲も悶々とした時期を過ごすことが多いのだが、何かのきっかけ（多くの場合、お客様や周囲からの反応を自ら感じて）により、現状の自分を受け入れることができた後は、飛躍的にラーニングカーブが上がり、順調にリスキリングを進めながら自走することができるようになる。

リスキリングとリカレントとの違い

リスキリングと近接した概念として、「**リカレント**」がある。国や語られる文脈で内容が異なることがあることから、参考として取り上げたい。

リカレントの定義は時代や国によって変遷するが、その基本的な概念である「リカレント教育」は、1973年にOECD（経済協力開発機構）が公表した報告書により国際的に広まった。

これは、「**青少年期という個人の人生の初期にのみ集中していた教育を個人の全生涯にわたって労働、余暇、その他の活動と相互に行うこと**」を提唱し、教育の機会均等を目指すものであった。

この時期からヨーロッパ諸国はリカレント教育を取り入れていき、特に北欧諸国は労働政策としてのリカレント教育を積極的に推進した。

参考：砂原 雅夫・金 珉智「リカレント教育の歴史的変遷及び日本経済に与える影響について」2022

https://www.jstage.jst.go.jp/article/roee/1/0/1_50/_article/-char/ja

例えば、デンマークやスウェーデンでは、在職者を含む成年向け教育プログラムや、教育休暇制度、労働訓練への補助制度など、産・学が連携して就労と就学の機会を繰り返し得られる仕組みが整備されている。

参考：労働政策研究・研修機構「北欧の公共職業訓練制度と実態」2016年

https://www.jil.go.jp/institute/siryo/2016/documents/0176.pdf

北欧諸国をはじめ諸外国が、早期から「教育と雇用」を結び付けることに重点を置いてリカレント教育を推進したのに対し、日本では長くリカレント教育は、主に生涯教育・生涯学習の文脈に位置づけられ、経済成長を促すものとは捉えられてこなかった。

日本で経済政策としてリカレント教育が取り上げられるようになったのは「再チャレンジ支援総合プラン（2006年）」からと言える。これは、就職氷河期を経て経済的困窮に陥っている多数の非正規雇用者を支援することを目的に策定された政策パッケージで、以後、リカレント教育は経済再生に必要な施策として重視されるようになっていった。

参考：砂原 雅夫・金 珉智「リカレント教育の歴史的変遷及び日本経済に与える影響について」2022

https://www.jstage.jst.go.jp/article/roee/1/0/1_50/_article/-char/ja

2024年現在の厚生労働省Webサイトでは「学校教育からいったん離れたあとも、それぞれのタイミングで学び直し、仕事で求められる能力を磨き続けていくことがますます重要になっています。このための社会人の学びをリカレント教育と呼んでおり、厚生労働省では、経済産業省・文部科

学省などと連携して、学び直しのきっかけともなるキャリア相談や学びにかかる費用の支援などに取り組んでいます」と説明されている。

参考：厚生労働省「政策について - リカレント教育」2024年1月12日確認
https://www.mhlw.go.jp/stf/newpage_18817.html

　このようにさまざまな捉え方はあれど、少なくとも現在の日本でリカレント教育は、仕事における知識・技術の習得を目的とした教育を受けることを前提として捉えられている。

02 | 今、なぜリスキリングが 必要となっているのか?

日本の雇用状況

　日本の人口、および生産年齢人口（15～64歳）が減少し続けている状況は従前から言われてきたことであるが、女性やシニアの労働参画を促す政策が奏功し、「就業者数（従業者と休業者を合わせたもので雇用者・自営業者・家族従業者の合計）」と「雇用者数（会社・団体・官公庁、または自営業者や個人家庭に雇われて給料、賃金を得ている人、および役員の合計）」については、近年、増加傾向にある。

　就業者数については、この10年間で継続的に増加している（→次ページ・図1-2）。男女別に見ると、男性就業者は大きな変動はないものの、女性就業者はコロナ禍の影響を受けたと思われる2020年以外は一貫して増加し続けている。

　男女合計として、2022年平均で 6,723 万人と 10 万人の増加（2年連続の増加）となった。コロナ禍の影響から2020年は大幅に減となったが、ピークであった2019年に近い水準まで戻ってきている。

　男女別に見ると、男性は 3,699 万人と 12 万人の減少、女性は 3,024 万人と 22 万人の増加となった。近年、女性の就業者が継続的に伸びている。

　このうち、15～64 歳の就業者数は、2022 年平均で 5,810 万人と 6 万人の増加となった。（いずれも対前年比）

男女別に見ると、男性は 3,161 万人と 13 万人の減少、女性は 2,649 万人と 20 万人の増加となった。女性の就業者数は一貫しての伸びが顕著である。また、ミドル・シニアで見ると、45〜54歳は16万人増加、55〜64歳は29万人増加、65歳以上は3万人増加している。（いずれも対前年比）

図1-2　10年間における就業者数の推移

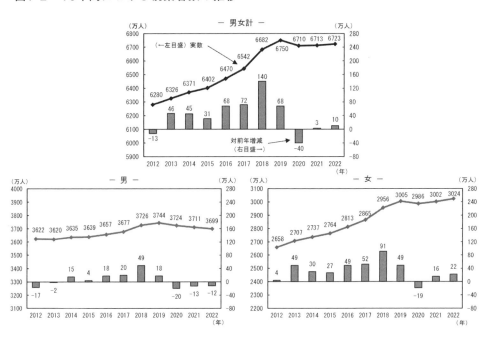

出典：総務省統計局「労働力調査（基本集計）2022年（令和4年）平均結果の要約
第1 就業状態の動向 1 労働力人口」令和5年1月31日
https://www.stat.go.jp/data/roudou/sokuhou/nen/ft/pdf/index.pdf

　一方、雇用者数についても就業者数と同様、コロナ禍の一時的な影響を除けば、この10年間一貫して増加している。（図1-3）
　男性雇用者については大きな変動はないものの、女性雇用者はコロナ禍の影響を受けたと思われる2020年以外は一貫して増加し続けている。
　2022 年平均で 6,041 万人と 25 万人の増加となった。就業者に占める

雇用者の割合は 89.9％と 0.3 ポイントの上昇となった。雇用者を男女別に見ると、男性は 3,276 万人と 2 万人の減少、女性は 2,765 万人と 26 万人の増加となった。（図1-3/→次ページ・図1-4）

　このうち、ミドル・シニアで見ると、正規社員については45〜54歳は15万人増加（男性3万人増加、女性12万人増加）、55〜64歳は15万人増加（男性9万人増加、女性6万人増加）、65歳以上は1万人増加（男性1万人増加、女性1万人減少）となっている。

　非正規社員についても45〜54歳は2万人増加（男性3万人増加、女性1万人減少）、55〜64歳は14万人増加（男性3万人増加、女性11万人増加）、65歳以上は12万人増加（男性6万人増加、女性6万人増加）となっている。（いずれも対前年比）

　　*総計と男女別増減は、端数処理により数値が一致しない場合があります。

図1-3　10年間における雇用者数の推移

出典：総務省統計局「労働力調査（基本集計）2022 年（令和4年）図4 雇用者数と自営業主・家族従業者数の推移」令和5年1月31日
https://www.stat.go.jp/data/roudou/sokuhou/nen/ft/pdf/index.pdf

図1-4　10年間における雇用者数の推移（男女別）

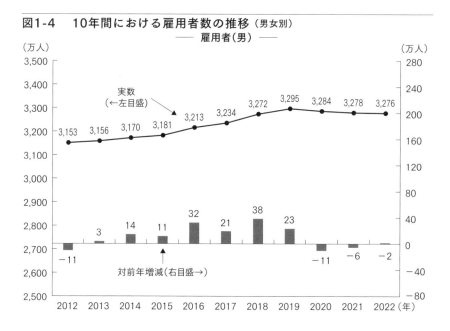

── 雇用者（男）──

── 雇用者（女）──

出典：総務省統計局「労働力調査（基本集計）2022年（令和4年）」令和5年1月31日
https://www.stat.go.jp/data/roudou/sokuhou/nen/ft/pdf/index.pdf
に含まれる数値データをもとに、デロイト トーマツ コンサルティングがグラフ作成。

転職希望者の１年後転職率

　次に、日本における人材の流動性について確認していく。

　人材流動化については、単に人材が流動することではない。これまで関わってこなかった人材同士が交流・協働することでイノベーション創出、ビジネスモデル変革、業務改善、風土改革を目的とする場合、手段としては、必ずしも転職だけではなく、会社籍を変更しない共同プロジェクトへの参画、出向、兼業・副業も含まれると考える。ただし、ここでは、わかりやすく転職に焦点をあてて状況を把握していきたい。

　人材の流動性については、リクルートワークス研究所が「Works Report2023　なぜ転職したいのに転職しないのか― 転職の"都市伝説"を検証する ―」〔以下リクルートワークス（2023）とする〕という、大変示唆に富むレポートを発行している。

　転職希望者数はこの50年間で（直近の10年間を見ても）増加し続けている。一方で、実際の転職者数は、経年で見ると、そこまで大きく増加していないことは大変興味深い。リクルートワークス（2023）では、次のように解説している。本項ではいくつかピックアップする。

■好不況の波に伴い転職希望者数は増減する
〔中略〕転職者数は1988年に急増したが、1991年のバブル崩壊後、一時頭打ちになった。しかし1990年代後半からは、非正規雇用で働く女性が増加した影響もあり増えた。2008年のリーマン・ショック後に減少したが、2011年以降はゆるやかに増え、2019年に過去最多の353万人を記録した。2020年はCOVID-19の広がりによって一時的に減少したが、2022年以降再び増加に転じている（→次ページ・図1-5）。〔中略〕

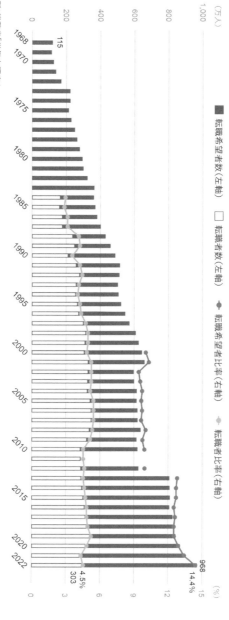

図1-5　転職者と転職希望者の推移（1968～2022年）

■ 転職希望者数（左軸）　□ 転職者数（左軸）　● 転職希望者比率（右軸）　● 転職者比率（右軸）

出所：総務省「労働力調査」
注1：いずれも就業者の数値。雇用者の2001年以前の統計は2月時点の労働力調査特別調査の値を使用。2011年の数値は補完的に推計された値。
注2：転職者数と転職者比率の2001年以前の統計は2月時点の労働力調査特別調査を使用。
注3：調査票の変更のため、2012年以前と2013年以降の転職希望者数および転職希望者比率の把握方法は異なる。

出典：リクルートワークス研究所　「Works Report2023　なぜ転職したいのに転職しないのか」2023年・図表1-1
https://www.works-i.com/research/works-report/item/tenshoku.pdf

■転職希望者の1年後の転職率は2割にも満たない

〔中略〕ある年に転職希望だった就業者のうち翌年転職した人は、2015年から2018年までは14〜17％程度、2019年以降は13％前後で推移している（図1-6①下）。逆に言えば、転職を希望した就業者のうち83〜87％は、翌年までに転職していないわけだ。すべての転職希望者が転職に対して強い意欲を持っているわけではない。転職希望者のうち、実際に転職活動を行っている人（以下「転職活動者」）は15.1％だけだ（→次ページ図1-6②）。転職希望者の55.7％は転職希望の程度が弱く、「いずれ転職したい」という願望レベルにとどまっている。また、29.2％は転職希望の程度は強いが就職活動は行っていなかった。「転職活動者」は全転職希望者の中でも、1年後に転職している可能性が高いと考えられる。そこで「転職活動者」に限定して1年後の転職率を見てみると、36〜43％で推移していた（図1-6①上）。転職希望者全体と比べると比率は高まっているが、それでも半数以上が翌年までには転職していない。——

出典：リクルートワークス研究所「Works Report2023　なぜ転職したいのに転職しないのか」2023年
https://www.works-i.com/research/works-report/item/tenshoku.pdf

図1-6①　転職希望者と転職活動者の翌年の転職率

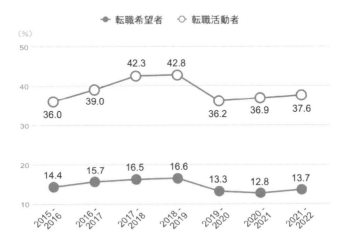

対象：各年12月時点の就業者。

出典：リクルートワークス研究所「Works Report2023　なぜ転職したいのに転職しないのか」2023年・
図表1-2
https://www.works-i.com/research/works-report/item/tenshoku.pdf

図1-6②　転職希望者の内訳

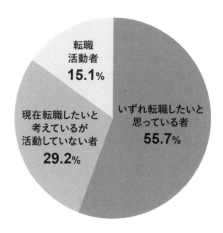

対象：2022年12月時点の就業者。

出典：リクルートワークス研究所「Works Report2023　なぜ転職したいのに転職しないのか」2023年・
図表1-3
https://www.works-i.com/research/works-report/item/tenshoku.pdf

専門性の高い業職種の傾向

　リクルートワークス（2023）では、「医療関連やIT関連といった専門性の高い業種・職種では、同じ業種や職種からの移動が多いことがわかる」という結果が示唆されている。

出典：リクルートワークス研究所「Works Report2023　なぜ転職したいのに転職しないのか」2023年
https://www.works-i.com/research/works-report/item/tenshoku.pdf

　一方で、専門性が高いIT関連の職種においても、事務職や営業・販売職などの異職種から40%近く移動しているという点は、今後、DXやGXに関連する人材を増加させるという点で興味深い。（図1-7）

図1-7 現職の業職種別に見た業職種間移動の状況
（同業種・同職種からの移動が多い順）

(%)

現職の職種	N	同職種からの移動	異職種からの移動	参考：異職種からの移動のうち、割合が多い3職種					
				前職の職種	異職種の移動全体に占める割合	前職の職種	異職種の移動全体に占める割合	前職の職種	異職種の移動全体に占める割合
TOTAL	8,831	46.9	53.1	事務職	18.3	分類不能の職業	13.9	生産工程・労務職	10.8
医療関連の専門・技術職	438	82.0	18.0	分類不能の職業	27.2	事務職	15.4	その他の専門・技術職	9.2
IT関連の専門・技術職	268	61.1	38.9	事務職	26.4	営業・販売職	12.2	会社・団体等管理職	8.0
事務職	2,163	61.1	38.9	営業・販売職	18.4	分類不能の職業	17.1	生産工程・労務職	12.2
社会福祉専門職	388	52.7	47.3	事務職	20.6	分類不能の職業	18.7	家庭生活・生活衛生など関連サービス職業	13.4
建築・土木・測量技術者	107	52.1	47.9	事務職	22.4	会社・団体等管理職	16.9	生産工程・労務職	16.1
生産工程・労務職	1,202	46.6	53.4	分類不能の職業	20.0	事務職	19.0	営業・販売職	11.1
営業・販売職	732	44.0	56.0	事務職	27.3	分類不能の職業	16.0	接客・給仕職	13.7
飲食物調理職	187	43.0	57.0	接客・給仕職	20.9	事務職	15.9	生産工程・労務職	14.8
製品製造の研究・開発・設計などの技術者	119	42.1	57.9	生産工程・労務職	21.8	事務職	14.3	分類不能の職業	10.6
輸送・機械運転関連職	306	42.0	58.0	生産工程・労務職	26.5	分類不能の職業	12.2	会社・団体等管理職	11.6
文芸・芸術・広告出版など関連専門職	80	42.0	58.0	事務職	24.4	分類不能の職業	15.1	営業・販売職	8.2
会社・団体等管理職	270	40.6	59.4	事務職	31.5	営業・販売職	13.2	分類不能の職業	11.9
その他の専門・技術職	395	37.8	62.2	事務職	23.6	分類不能の職業	17.2	生産工程・労務職	6.7
接客・給仕職	378	35.9	64.1	事務職	21.3	分類不能の職業	17.6	営業・販売職	16.6
法務・経営・金融関連専門職	54	30.6	69.4	事務職	38.1	会社・団体等管理職	18.0	営業・販売職	10.6
分類不能の職業	892	27.9	72.1	事務職	27.7	生産工程・労務職	15.2	営業・販売職	10.3
その他のサービス職	331	24.7	75.3	生産工程・労務職	20.7	事務職	19.0	分類不能の職業	16.5
保安・警備職	116	24.2	75.8	生産工程・労務職	22.3	分類不能の職業	16.7	事務職	16.3
家庭生活・生活衛生など関連サービス職業	319	23.0	77.0	社会福祉専門職	26.4	事務職	19.3	医療関連の専門・技術職	11.4
農林漁業関連職	86	19.8	80.2	事務職	21.0	生産工程・労務職	20.6	分類不能の職業	10.8

対象：2018年から2022年までの転職者。
注1：業種の「鉱業」はNが50未満であるため省略。「電気・ガス・熱供給・水道業」はNが100未満であるため参考値。
注2：職種の「文芸・芸術・広告出版など関連専門職」「法務・経営・金融関連専門職」「農林漁業関連職」はNが100未満であるため参考値。

出典：リクルートワークス研究所「Works Report2023　なぜ転職したいのに転職しないのか」2023年・図表A-6
https://www.works-i.com/research/works-report/item/tenshoku.pdf

未経験職に転職しても年収が下がるわけではない
（同職種からの転職と大きな差はない）

　未経験職に転職しても、必ずしも年収低下を伴うものではないという示唆も提示されている。もちろんケースバイケースではあろうが、今後、異業種間の人材流動を進めるとした場合、大変心強いポイントと思われる。リクルートワークス（2023）では、次のように解説している。

——転職後に年収が10％以上減少した人は、経験職への転職者で27.1％、未経験職への転職者では34.3％だった。未経験職への転職の方が、年収が下がる割合が高いわけだ。ただし、年収が10％以上増加した人は経験職転職者、未経験職転職者ともに4割弱いて、それほど大きな差はついていない。未経験職への転職だとしても、年収が下がるとは限らないのである（図1-8）。——

出典：リクルートワークス研究所「Works Report2023　なぜ転職したいのに転職しないのか」2023年
https://www.works-i.com/research/works-report/item/tenshoku.pdf

図1-8　転職前後の年収変化の状況

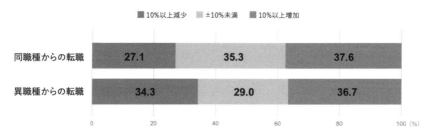

対象：2018年から2022年までの転職者。
注：年収変化の状況は、「転職前（前職）の年収（税込み）」と「現職勤務先での1年目の年収（税込み）」より算出。

出典：リクルートワークス研究所「Works Report2023　なぜ転職したいのに転職しないのか」2023年
・図表2-15
https://www.works-i.com/research/works-report/item/tenshoku.pdf

非正規から正規雇用への転用

　ただし、非正規から正規雇用への就業はハードルが高いという示唆もあり、雇用者（会社・団体・官公庁、または自営業者や個人家庭に雇われて給料、賃金を得ている人、および役員の意味）全体の40%弱を占める人材をDXやGX領域の正規雇用者として増やす場合には、相当の工夫が必要になると考えられる。リクルートワークス（2023）では、次のように解説している。

──〔中略〕2018年〜2022年に転職した人で前職では正規雇用だった人のうち、正規雇用として転職した人は60.2%、非正規雇用として転職した人は31.1%である。

　一方、前職で非正規雇用だった人のうち、正規雇用として転職した人は15.4%、非正規雇用として転職した人は75.7%だ。非正規雇用から正規雇用に移動する人は少数派と言える。〔中略〕

　非正規雇用者の中には、柔軟な働き方を重視するなどの理由があり、必ずしも正規転換を望まない人もいる。そこで、正規雇用の仕事がないために、不本意ながら非正規雇用として就業している層（不本意非正規）に絞って就業状態を見てみると、転職によって正規転換した割合は2.8%だった。不本意ながら非正規雇用で働いていて、正規雇用を積極的に望んでいる層に限っても、転職によって正規転換を目指すことは容易ではないことがわかる。正規雇用への転換を目指す道は他企業への転職だけに限らない。非正規雇用として勤めている企業で正規雇用される道もある。ただし図1-9にあるように、非正規雇用として働く人のうち同一企業で正規雇用に転換した人（内部転換）は4.9%。不本意非正規に絞ってみても6.7%だった。正規転換を望む非正規雇用者の多くは、転職による正規転換だけでなく、内部での正規転換も実現できていない。企業は自社で働く非正規雇用者、中でも正規転換を望む不本意非正規層に、もっと目を向けるべきではないか。──

出典：リクルートワークス研究所「Works Report2023　なぜ転職したいのに転職しないのか」2023年
https://www.works-i.com/research/works-report/item/tenshoku.pdf

図1-9　非正規雇用者の翌年の就業状態

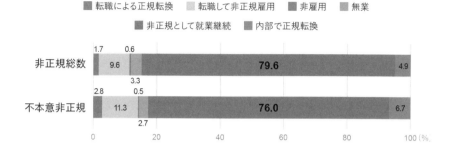

対象：2015年から2022年までの各年12月時点に非正規雇用として働いていた15～59歳。
注：不本意非正規とは非正規雇用としての就業理由で「正規の職員・従業員の仕事がないから」と回答した場合を指す。

出典：リクルートワークス研究所「Works Report2023　なぜ転職したいのに転職しないのか」2023年
・図2-10
https://www.works-i.com/research/works-report/item/tenshoku.pdf

　私たちが過去10年以上にわたって毎年実施している「Z・ミレニアル世代年次調査」においても人材の離職意向を含めた調査を行っているので、グローバルと日本の雇用状況を把握する参考情報として紹介したい。

　2023年度は世界44か国から計22,856名にのぼるZ・ミレニアル世代を対象としてオンラインアンケート調査、および一部対象者に追加的なインタビュー調査を実施した。（図1-10）

Z世代：1995 年1月～ 2004 年12月生まれ/ ミレニアル世代：1983 年1月～ 1994 年12月生まれ

　Z・ミレニアル世代の2年後離職意向について、Z世代はグローバル45%に対して、日本は40%と大きな差がない傾向となった。

　一方、ミレニアル世代については、グローバル27%であり、グローバル・日本のZ世代よりは下がるものの、依然一定の比率を保っている。

　日本のミレニアル世代については13%という結果になった。この世代のみ昨年に続いて離職意向が下がっていることが特徴的である。

図1-10　2年以内の離職意向

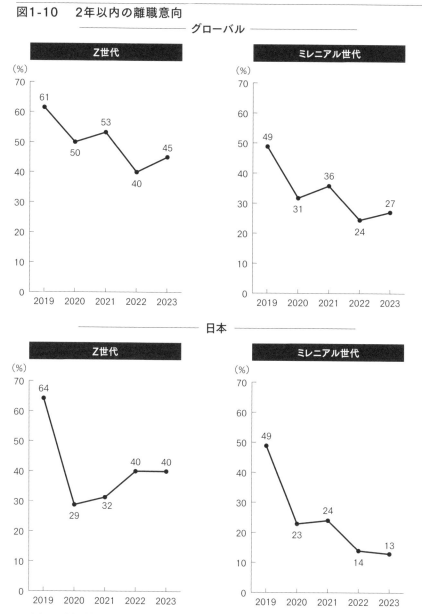

Q37. あなたは現在の勤務先にどのくらいの期間在籍し続けようと思いますか?
* フルタイム、パートタイム、派遣社員として就業中の回答者対象

出典：デロイト トーマツ グループ「Z・ミレニアル世代年次調査2023,2022,2021」
https://www2.deloitte.com/jp/ja/pages/about-deloitte/articles/about-deloitte-japan/
genzmillennialsurvey.html

過去10年間の調査では、日本のミレニアル世代は2年以内の離職意向がもっと高かったが、30歳代を中心に40歳代に差し掛かる年齢となり、離職意向が下がってきている。離職意向が低いことについてはさまざまな捉え方ができる。日々安心して仕事ができており、企業の主軸としてキャリアを確実に歩んでいるということであれば何ら問題はない。

　一方で、今回のZ・ミレニアル調査では、ミレニアル世代の特徴として、「ワークライフバランスを重視している一方、それが実現できていないこと。また、望むとおりに実現できていないことに対して会社に声を上げるのをためらう」という傾向も見えている。このような傾向が企業内のものなのか、日本社会の構造的なものなのかは今後の検討が必要であるが、いずれにしても、米国で言われている「静かな退職（Quiet Quitting）」のような状況に陥らないかどうかには注視したほうがいいだろう。

　なお、2022年の調査において、グローバルに比べて日本のZ・ミレニアル世代は、テクノロジーによる仕事のあり方や、職場に対する将来的な影響度合いへの感度がやや低いように見受けられた。（図1-11）

　日本のZ・ミレニアル世代がこのような状況であれば、それ以外の世代は「推して知るべし」であるため、今後、DXやGXに関するリテラシーレベルの知識について、身に付けてもらうような打ち手の必要性を感じる。

　続いて、デジタル人材の雇用状況についても考察していきたい。私たちの「デジタル人材育成に関する実態調査」においては、企業調査だけでなく個人調査も行っている。個人調査では、L2、L3（→78〜79ページ）の経験者をデジタル人材（N=4,103/ウェイトバック後N=645）、それ以外を非デジタル人材（N=2,284/ウェイトバック後N=5,742）としている。

L2人材…実装/推進人材（DX戦略・企画の各部門における推進）

L3人材…DX推進人材（デジタルコア人材・DX戦略推進の中核事業、機能における企画、推進）

図1-11　10年後の職場に予想される変化

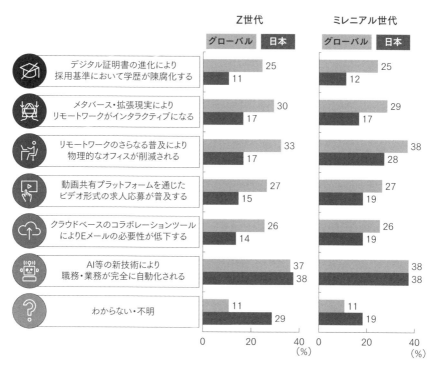

Q35.テクノロジーが将来の仕事のあり方にもたらす潜在的な影響を思い浮かべたとき、あなたが今後10年で職場において最も顕著な変化になると予想するのは以下の各項目のうちどれですか、当てはまるものをすべて選んでください。

出典：デロイト トーマツ グループ「Z・ミレニアル世代年次調査2023,2022,2021」
https://www2.deloitte.com/jp/ja/pages/about-deloitte/articles/about-deloitte-japan/
genzmillennialsurvey.html

　3年以内の離職意向者は、デジタル人材では25％、非デジタル人材は1割程度となっている。（→次ページ・図1-12）

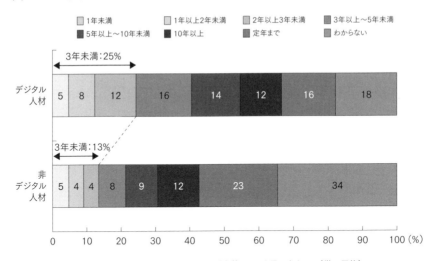

図1-12 現在の勤務先への在籍意向（デジタル人材/非デジタル人材）

凡例：
- 1年未満
- 1年以上2年未満
- 2年以上3年未満
- 3年以上〜5年未満
- 5年以上〜10年未満
- 10年以上
- 定年まで
- わからない

デジタル人材：3年未満：25% — 5 / 8 / 12 / 16 / 14 / 12 / 16 / 18

非デジタル人材：3年未満：13% — 5 / 4 / 4 / 8 / 9 / 12 / 23 / 34

Q18: あなたは、現在の勤務先に、今後どのくらいの期間在籍したいと思いますか。（単一回答）

回答者全体 base
- デジタル人材：N=645
- 非デジタル人材：N=5,742

出典：デロイト トーマツ コンサルティング「デジタル人材育成に関する実態調査2023」（2023年8月）
https://www2.deloitte.com/jp/ja/pages/human-capital/articles/hcm/digital-hr-development-survey2023.html
調査の集計結果は小数点を四捨五入して表示しており、合計が100%にならない場合があります。

　女性の雇用者（会社・団体・官公庁、または自営業者や個人家庭に雇われて給料、賃金を得ている人、および役員の意味）については、DXやGXと関連が強いエンジニア職の同業界での女性転職者数が大きく増加している。

　リクルート「STEM領域における女性エンジニアの転職動向と働き続けるためのポイント『リクルートエージェント』データ分析」（2023年）によると、STEM領域（STEM：Science Technology Engineering Mathematics）への女性の転職者数は、この約10年で6.38倍と増加。男性の2.94倍と比べても大きく増加している。（図1-13）

　その背景として同レポートでは本書54ページの内容を挙げている。

図1-13　STEM領域へのエンジニア職転職者数推移（男性と女性の比較）

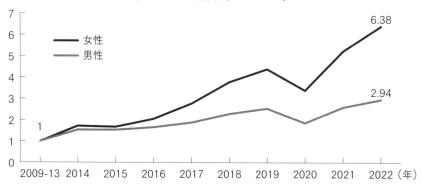

STEM領域へのエンジニア職転職者数推移（男性と女性の比較）
（2009-2013年度平均を1とする）

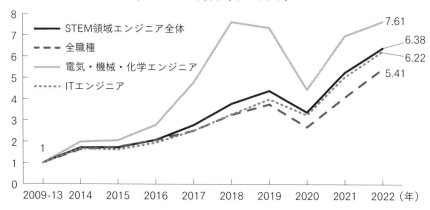

STEM領域における女性エンジニア転職者数推移
（2009-2013年度平均を1とする）

出典：リクルート・プレスリリース「STEM領域における女性エンジニアの転職動向と働き続けるためのポイント
『リクルートエージェント』データ分析」2023年9月26日
https://www.recruit.co.jp/newsroom/pressrelease/assets/20230926_hr_03.pdf

・ダイバーシティ経営*の加速により、女性活躍に力を入れる企業が増えた。

*多様な人材を活かし、その能力が最大限発揮できる機会を提供することで、イノベーションを生み出し、価値創造につなげている経営（原文注）

・労働市場の構造的な人材不足により企業が、新しいターゲットに間口を広げたことで、女性がより自分に合った企業に転職しやすくなったことなどがあると考えられる。また、製造業に多く就業する電気・機械・化学の女性エンジニアの転職者数が 7.61 倍となっており、全業種や STEM 領域エンジニア全体と比較しても、増加の幅が大きい。その背景には、「サステナビリティ」「GX」というビジネス上でも自然環境に配慮した動きを求める機運が高まるとともに、STEM 領域でも女性の就学が多い傾向にある化学分野へのニーズが高まっており、企業が転職意向を高めるために働き方などの工夫をしていることなどが考えられる。

出典：リクルート・プレスリリース「STEM 領域における女性エンジニアの転職動向と働き続けるためのポイント『リクルートエージェント』データ分析」2023 年 9 月 26 日
https://www.recruit.co.jp/newsroom/pressrelease/assets/20230926_hr_03.pdf

日本における競争力向上の観点から見たリスキリングの必要性

　ここからは、日本の競争力の状況と最近の企業・自治体の取り組み、海外（デンマーク、シンガポール、イギリス）におけるリスキリングの動向、日本の雇用状況を見ながら、「なぜ今、リスキリングが必要とされているか」について考えていきたい。

　周知のとおり、この30年間、日本は諸外国と比べて低い成長率に留まっている。

　経年の潜在成長率のみならず、「期待成長率」とも呼べるような、今後5年間の業界需要の実質成長率見通しについても低い状況が続いていることから、今後の成長については、継続的に悲観的な見方が続いていることがわかる。（図1-14／→56ページ・図1-15）

図1-14　各国の潜在成長率の推移

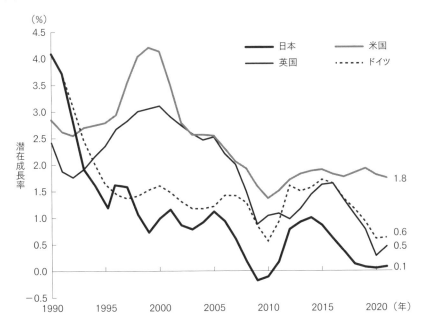

(データソース)：米国議会予算局「Budget and Economic Outlook」・欧州委員会「Economic Forecast」・
日本銀行「需給ギャップと潜在成長率」
潜在成長率は2023年2月時点公表データをもとにデロイト トーマツ グループが作成。

　日本としての競争力を高め、経済的な成長を回復させるため、さまざまな取り組みが必要とされているが、その中でもDXやGXが注目されているのは皆さんご存じのとおりである。国が音頭を取るだけでなく、具体的に各企業・地方自治体が取り組んで、イノベーション創出や事業成長、労働生産性を上げることが必要になっている。

　そのような中、日本はデジタルの分野において後れを取ってしまっている状況である。一例として、IMD（International Institute for Management Development）というスイス・ローザンヌに拠点を置くビジネススクールが毎年発表している「世界競争力ランキング」の2023年版を見ると、日本は、

図1-15　日本の期待成長率と賃上げ率の推移

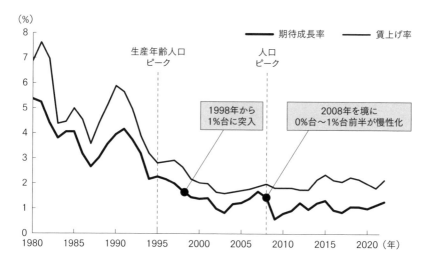

（データソース）：内閣府「企業行動に関するアンケート調査」・厚生労働省「民間主要企業春季賃上げ集計」
期待成長率は今後5年間の業界需要の実質成長率見通し（上場企業に対するアンケート調査）
賃上げ率の対象は民間主要企業。上記公表データをもとにデロイト トーマツ グループが作成。

過去最低の35位となってしまっており、特にデジタル、サステナビリティ、タレントに弱みがあると言われている。

　同様に、IMDが発表している、「世界デジタル競争力ランキング」の2023年版においても、日本は64か国中32位となっており（今回の1位は米国）、Asia Pacific16か国の中で8位となっている（今回の1位はシンガポール）。

　本調査は、Factorsとして、Knowledge（28位）、Technology（32位）、Future readiness（32位）の3つがあり、それらは、さらにSub-Factorsに分かれている。

　ただし、日本がすべての項目で低い点数かというと必ずしもそうではなく、OECDやUNESCOの調査結果をソースとするものを中心として競争力が高いものも多く存在する。

図1-16① 日本のランキング順位が高かった項目（世界64か国中）

要素	項目名称	日本の順位	順位付けの根拠となった情報ソース（調査団体,情報ソース名称）
Knowledge	教員数に対する学生数（高等教育）Pupil-teacher ratio (tertiary education)	3位	UNESCO, 統計データベース
	数学的リテラシーの学習到達度 Educational assessment PISA – Math	5位	OECD, International Student Assessment（PISA）（2018年）
	高等教育の成果 Higher education achievement	6位	OECD, Education at a Glance（2021年）
	女性の学位取得 Women with degrees	6位	OECD, Education at a Glance（2021年）
	研究開発総額の割合 Total expenditure on R&D (%)	6位	OECD, Main Science and Technology Indicators
	ハイテクノロジー関連の特許 High-tech patent grants	6位	国際連合 世界知的所有権機関, 統計データベース
	教育・研究開発分野でのロボット活用 Robots in Education and R&D	6位	国際ロボット連盟（IFR）, World Robotics（2020年）
Technology	ワイヤレスブロードバンドの普及 Wireless broadband	2位	ユーロモニター・インターナショナル社, Passport データベース
Future readiness	市民の電子行政参加 E-Participation	1位	国際連合 経済社会局, UN E-Government Knowledge データベース
	ソフトウェア著作権の保護 Software piracy	2位	非営利団体 ビジネス・ソフトウェア・アライアンス（BSA）, Global Software Survey

項目の日本語名称はデロイト トーマツ コンサルティングによる翻訳

（データソース）：IMD「World Digital Competitiveness Ranking 2023」
https://www.imd.org/wp-content/uploads/2023/12/Digital_2023.pdf
上記公表データをもとにデロイト トーマツ コンサルティング作成。

　一方で、特にリスキリングに関連すると思われる Knowledge においては、以下項目の順位が低くなっており、今後の改善における参考になると思われる。（図1-16①②）

　悲観的な話ばかりでなく、前向きなトピックにも触れておきたい。

　この数年にて、日本の各企業・自治体は急速に DX への取り組みを推進している。

図1-16②　日本のランキング順位が低かったKnowledge関連項目
（世界64か国中）

要素	項目名称	日本の順位	順位付けの根拠となった情報ソース（調査団体, 情報ソース名称）
Knowledge	人材の国際経験 International experience	64位	IMD, World Competitiveness Center's Executive Opinion Survey（2023年）
	人材のデジタル/テクノロジースキル Digital/Technological skills	63位	IMD, World Competitiveness Center's Executive Opinion Survey（2023年）
	女性の研究者 Female researchers	57位	UNESCO, 統計データベース
	外国籍の高スキル人材 Foreign highly skilled personnel	54位	IMD, World Competitiveness Center's Executive Opinion Survey（2023年）
	教育への公的支出総額 Total public expenditure on education	53位	IMF, Government Finance Statistics（2022年）
	科学分野専攻の卒業生 Graduates in Sciences	39位	UNESCO, 統計データベース
	科学・技術分野の雇用 Scientific and technical employment	39位	OECD, Labour Force Statistics: Employment by activities and status（2022年）
	従業員への教育・トレーニング Employee training	35位	IMD, World Competitiveness Center's Executive Opinion Survey（2023年）

項目の日本語名称はデロイト トーマツ コンサルティングによる翻訳

（データソース）：IMD「World Digital Competitiveness Ranking 2023」
https://www.imd.org/wp-content/uploads/2023/12/Digital_2023.pdf
上記公表データをもとにデロイト トーマツ コンサルティング作成。

　情報処理推進機構（IPA）の調査「DX白書2023」によれば、2022年度は何らかの形でDXに取り組んでいる企業は69.3%となり、前年度から13.5%増加している。米国の77.9%とはまだ差があり、特に全社戦略に基づいて取り組んでいる企業の割合は13.9%の差があるなど、まだ取り組む余地は多いと思われるが、一定の進捗を見せていると言える。

　また、私たちが2023年8月に公開した「デジタル人材育成に関する実態調査」によると、調査対象とした252社のうちデジタルトランスフォーメーション（DX）に取り組んでいるとした企業が75%、検討しているとし

た企業が20%となっており、95%は何らかの形でDXに取り組んでいることになる。（図1-17）

図1-17　デジタルトランスフォーメーションに対する取り組み状況

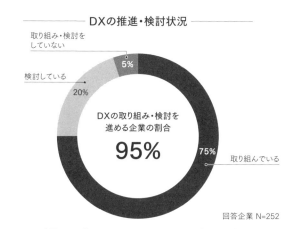

―――― DXの推進・検討状況 ――――

取り組み・検討を
していない
5%

検討している
20%

DXの取り組み・検討を
進める企業の割合
95%

75%
取り組んでいる

回答企業 N=252

Q9:貴社ではDX推進の取り組みを行っていますか。（単一回答）

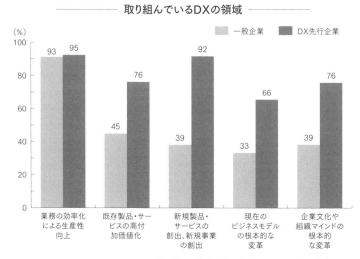

―――― 取り組んでいるDXの領域 ――――

一般企業　　DX先行企業

DXの取り組み・検討を進める企業 N=202、DX先行企業 N=38

Q10:貴社におけるDX推進の取り組み・検討内容としてあてはまるものをすべて選択してください。
（複数回答）

出典：デロイト トーマツ コンサルティング「デジタル人材育成に関する実態調査2023」（2023年）
https://www2.deloitte.com/jp/ja/pages/human-capital/articles/hcm/digital-hr-development-survey2023.html

さらに、2020年11月にスタートしたDX認定制度においても認定事業者が急速に増加している。

DX認定制度は、「情報処理の促進に関する法律」に基づき、「デジタルガバナンス・コード」の基本的事項に対応する企業を国が認定する制度である。DX認定を取得した企業は、2023年1月時点では574者（「者」は原典ママ：大企業428者、中小企業146者）となっており、2024年1月時点においては912者（大企業575者、中小企業337者）であったので、1年間で338社も増加している。（図1-18）

図1-18　DX認定を取得した企業

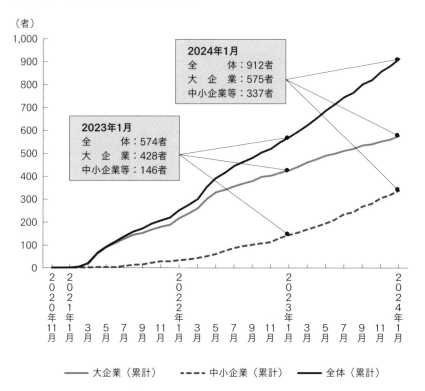

出典：経済産業省「DX認定制度（情報処理の促進に関する法律第三十一条に基づく認定制度）」
最終更新日：2024年2月1日
https://www.meti.go.jp/policy/it_policy/investment/dx-nintei/dx-nintei.html

なお、DX認定の認定事業者には、以下４つのメリットがあり、今後も増加していくことが見込まれる。

1）DX認定制度ロゴマークの使用により「自社がDXに積極的に取り組んでいる企業」であることを社内外に向けてPRできる
2）中小企業を対象とした金融支援が受けられる
3）ＤＸ投資促進税制が受けられる
4）人材育成のための訓練に対する支援措置が受けられる

　また、DX認定の基準となっているデジタルガバナンス・コードについても紹介しよう。経済産業省HPには次のとおり記載されている。

――あらゆる要素がデジタル化されていくSociety5.0に向けて、ビジネスモデルを抜本的に変革し、新たな成長を実現する企業が現れてきています。一方、グローバルな競争の中で、競合する新たなビジネスモデルにより既存ビジネスが破壊される事例（デジタルディスラプション）も現れています。こうした時代変化の中で、経済産業省では、企業のDXに関する自主的取り組みを促すため、デジタル技術による社会変革を踏まえた経営ビジョンの策定・公表といった経営者に求められる対応を「デジタルガバナンス・コード」として取りまとめました」。――

出典：経済産業省「デジタルガバナンス・コード」
https://www.meti.go.jp/policy/it_policy/investment/dgc/dgc.html

　2022年９月に改訂が行われ、現在は「デジタルガバナンス・コード2.0」となっており、デジタル人材の育成・確保がDX認定の認定基準に追加されているほか、経営戦略と人材戦略を連動させた上でのデジタル人材の育成・確保の重要性が明記（「人材版伊藤レポート2.0」との連携）されている。
　また、DXとSX（サステナビリティトランスフォーメーション）/GXとの関係性も整理されている。デジタルガバナンス・コードの柱は次のとおり。

1. ビジョン・ビジネスモデル

2. 戦略

2-1. 組織づくり・人材・企業文化に関する方策

2-2. IT システム・デジタル技術活用環境の整備に関する方策

3. 成果と重要な成果指標

4. ガバナンスシステム

出典：経済産業「デジタルガバナンス・コード」
https://www.meti.go.jp/policy/it_policy/investment/dgc/dgc.html

COLUMN

　企業のみならず自治体においてもDXの取り組みが進んでいる。総務省の「令和4年度地方公共団体における行政情報化の推進状況調査」によれば、DXを推進するための全体方針について、都道府県の9割以上が策定、市区町村では7割弱が策定、または策定予定と回答している。

　また、DXを推進するための外部デジタル人材の活用については、都道府県の7割5分、市区町村の2割弱が実際に活用を開始している。（図1-19）

デジタル田園都市国家構想

　地域での取り組みも活発になってきている。政府はデジタル技術の活用により、地域の個性を活かしながら、地方の社会課題解決、魅力向上のブレイクスルーを実現し、地方活性化を加速させることを目指した「デジタル田園都市国家構想」を打ち出した。

　デジタルの力を活用した地方の社会課題解決のために、政府は「構想を支えるハード・ソフトのデジタル基盤整備」「デジタル人材の育成・確保」「誰一人取り残されないための取り組み」の3つの大きなテーマを設けて施策を検討し、「デジタル田園都市国家構想総合戦略」としてとりまとめている。

図1-19　DXを推進するための全体方針の策定

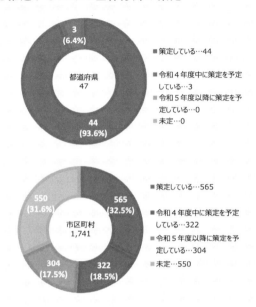

都道府県では44団体（93.6％）、市区町村では565団体（32.5％）が全体方針＊を策定している。
＊ 全体方針…DX推進のビジョンおよび工程表から構成されるものであり、計画を含む。

出典：総務省地域力創造グループ地域情報化企画室
「自治体DXの推進について（DX推進体制の構築、デジタル人材の確保・育成）」令和5年4月19日
https://www5.cao.go.jp/keizai-shimon/kaigi/special/reform/wg6/20230419/pdf/shiryou1-2.pdf

　その中でも注目される「デジタル人材の育成・確保」については2026年度まで
に230万人のデジタル推進人材育成が目標に掲げられている。

　この目標を達成するため、政府は主に「デジタル人材育成プラットフォームの
構築」「職業訓練のデジタル分野の重点化」「高等教育機関などにおけるデジタル人
材の育成」「デジタル人材の地域への還流促進」の4つの政策を打ち出しており、特
に「デジタル人材の地域への還流促進」を除いた3つの政策は本書で扱うリスキリ
ングに大きく関連する。

　経済産業省が主導する「デジタル人材育成プラットフォームの構築」は、デジ

タルに関する「デジタルスキル標準」を設定し、幅広い教育コンテンツを提供するほか、地方の起業・産業におけるDXに必要なデジタル人材の育成・確保を支援する政策である。

全ビジネスパーソンに向けて、共通に求められる「DXリテラシー標準（DSS-L）」やDXを推進する主要人材を定義した「DX推進スキル標準（DSS-P）」を策定し、それらに紐づく教育コンテンツをポータルサイトに提示したり、地域の企業・産業のDXに必要なデジタル人材を育成・確保するための実践的な学びの場を提供することで、非デジタル人材のリスキリングを促している。

労働市場でのデジタル人材育成・確保を進めるため、職業訓練におけるデジタル分野の重点化は厚生労働省主導で進められている。具体的には、公共職業訓練、求職者支援訓練、教育訓練給付において、IT分野の資格取得を目指す訓練コースなどの充実が図られているほか、企業に対して人材開発支援助成金の拡充として、IT技術の知識・技能の習得訓練への支援を充実させることで、リスキリングを推進している。

文部科学省はデジタル人材を地方の高等教育機関から継続的に輩出する体制構築のため、全国の大学による「数理・データサイエンス・AI教育強化拠点コンソーシアム」を形成し、各地域の数理・データサイエンス・AI教育などを促進するほか、リカレント教育の一環として、大学・専門学校などが自治体や企業と連携し、リテラシーレベルの能力取得・リスキングの実施を促進している。

出典：数理・データサイエンス・AI教育強化拠点コンソーシアム
http://www.mi.u-tokyo.ac.jp/consortium/

このように、特に地方のデジタル分野においては国を挙げてリスキリングを推進する施策が次々に打ち出されており、私たちはその根幹となる「デジタルスキル標準」の策定や、実践的な学びの場の提供に携わっている。

リスキリングには目指す人材像が明確であることと、現場で生きるスキルを身に付ける実践の場が必要だ。2026年末の230万人育成は通過点であり、デジタル面でのリスキリングは今後加速していくことだろう。

九州DX推進コンソーシアム

　政府の動きに呼応する形で、地域においてもDXを進める拠点・組織が立ち上がり、地域有力企業・中小企業のリスキリングが始まっている。

　例えば、九州DX推進コンソーシアム（以下、「九州DXコンソ」と呼ぶ）は、九州における社会経済活動全般のデジタルトランスフォーメーション（DX）を産官学金連携で推進していく拠点になっている。

　九州DXコンソは持続可能な地域社会と経済発展の実現を目指し、地域におけるデジタル人材育成やデジタル技術活用による地域課題の解決と新たな産業創造に取り組んでいる。

　事務局は九州経済連合会、九州大学、福岡県、デロイト トーマツ グループとなっており、とりわけデジタル人材育成においては、コンソーシアム内に設置された「デジタル人材育成WG（ワーキンググループ）」において、地域の中小企業支援機関のリスキリングに注力した取り組みを行っている。

　デジタル人材育成WGは福岡県がとりまとめており、関連事業として2022年度は「福岡県DX人材育成プログラム」が提供された。このプログラムは「中核人材育成コース」と「支援人材育成コース」の2コースから成り立っており、「中核人材育成コース」は中小企業の経営者・DX担当者を対象に、「支援人材育成コース」は中小企業支援機関の経営指導員・金融機関の従業員を対象に実施されている。

　大まかな流れとして、受講前にアセスメントを行い、どのようなスキルが現時点で必要かを明らかにしたうえで、e-learning、ワークショップを実施後、アクションプラン策定に関する個別指導・伴走支援の順にステップを踏み、アクションプラン策定後は受講後のアセスメントとしてアクションプランの実施状況が確認される。地方自治体が中小企業の中核人材のリスキリングを一気通貫で支援し、さらにアクションプラン実行の追跡調査まで行うのがこのプログラムの特徴だ。

　このプログラムを通じて得られたリスキリングに関する知見や、DX推進のノウハウはコンソーシアムに蓄積され、共有されることで、地域のリスキリングが加速していくしくみになっている。

これ以外にも、九州DXコンソにおいては、DXに取り組む企業が九州で開催されている多数のDX関連セミナーの中から、受講すべき最適なセミナーを見つけやすくするため、セミナー情報の整理方針やモデル受講例の提示を検討するなど、企業に対する支援を通じて地域の人材のリスキリングを積極的に促す取り組みがなされている。

出典：九州DX推進コンソーシアム｜九州・福岡のデジタル人材育成と産業創造
https://kyushu-adxo.jp/

このように地域ぐるみ、企業ぐるみでのリスキリングも行われ始めているが、成功している拠点とそうではない拠点の違いは、政府の支援がなくても自走できる事業モデルを描いているかどうかの違いが大きい。

九州DXコンソは地域経済に責任を持つ九州経済連合会が事務局に入り、運営資金を参加企業から募りながら、産官学金それぞれに役割（ロール）を与えて活動を推進している。金融機関など、地域DXの推進役となるべきプレーヤーに対してのリスキリングを促しているのも特徴的だ。

その他多くの地域拠点も地域の特色を活かした戦略が必要となるが、拠点間の連携を通じたナレッジシェアも、国全体のリスキリングを促していく上では必要になるだろう。

海外でリスキリングが進んでいる背景
（スキルベースの潮流）

　2020年の世界経済フォーラムの年次総会、いわゆるダボス会議で「リスキリング革命（Reskilling Revolution）」が発表された。

「リスキリング革命」は、第4次産業革命に伴う技術の変化に対応した新たなスキルを獲得するために、2030年までに10億人により良い教育、スキル、仕事を提供するというイニシアティブである。具体的には主に「Education4.0」「Education and Skills Country Accelerators」「Chief Learning Officers」「Skills-first」の4つのアクションを掲げて、それぞれの施策が打ち出されている。この中で、特に社会人のリスキリングに関連するのは「Chief Learning Officers」と「Skills-first」となる。

「Chief Learning Officers」は組織における「学び」の責任者を指し、ビジネス戦略に紐づけてリスキリング・アップスキリング戦略やラーニングカルチャーの醸成など、組織としてのラーニング戦略を立案、実行、推進することが求められる職種であり、「リスキリング革命」発表以降注目されている。

　特に、企業に属する従業員の自律的な学びを促すラーニングカルチャーの醸成は難易度が高く、従来型の人事部における社員教育の枠組みに留まらない、新たな戦略と取り組みが求められる。

　日本企業では、CxO制度が浸透してきたところ、人的資本経営の観点からCHRO（Chief Human Resource Officer）の役割変化に大きな期待が寄せられている。

　CLO（Chief Learning Officer）が設置されている日本企業はまだ少ないが、大企業を中心に設定されている企業内大学のリーダーも含めれば一定数は存在するとも考えられる。今後、日本においてもCHROとの役割分担を踏まえながら導入検討が行われていくと想定される。

また、「Skills-first」は従来の学位や職歴・職位といった枠組みに捉われず、新しい雇用に結び付けることにフォーカスした、社会人向けの「リスキリングイニシアティブ」である。

この中で、リスキリングに向けたアクションを実行するためのフレームワークが示されており、5つの活動領域が定義されている。

そのほか、将来必要とされるスキルを身に付けるためのアライアンスが組織されており、スキルをベースとした人材マネジメントへのマインドシフトやグローバル市場における公平な採用機会の整備を目指した取り組みを行っている。

出典：World Economic Forum, Reskilling Revolution: Driving Action
https://initiatives.weforum.org/reskilling-revolution/action

翌年の2021年ダボス会議のテーマは「グレート・リセット」だった。

グレート・リセットとは、コロナ危機による困難への対処など、現代社会が抱えるさまざまな問題を解決するため、そして、より公平で活力ある社会を実現するために、従来の経済・社会システムをリセットし、そのうえで新しく強固な基盤を築いていく、抜本的な変革を指す。

参考：変われる企業、変われない企業。「グレート・リセット」がはじまった｜ D-nnovation｜Deloitte Japan

https://www2.deloitte.com/jp/ja/pages/about-deloitte/articles/d-nnovation/ np_greatreset.html

デロイト トーマツ グループは、世界経済フォーラムと協働して制作した報告書 "Driving Growth Using 'Practical Wisdom': Japan's Perspectives"（日本語版「日本の視点：『実践知』を活かす新たな成長モデルの構築に向けて」）において、各界を代表するリーダーの方々から寄せられた洞察に基づき、日本が今後推進すべき「グレート・リセット」（経済・社会システム基盤の抜本的な変革）のあり方を提言している。

本報告書では、官民セクターが一体となって、ポストコロナ時代に一層公正で活力あふれる社会モデルの形成をいかに実現していくか、日本からの視点が示されている。

　日本が長きにわたり実践してきた持続可能なビジネスモデルや災害に対するレジリエンス、社会的な結束、自然環境との共生といった「実践知」の活用を世界に対して提言している。

　特に、国家レベルで新たな戦略の構築・実践が、デジタル化、脱炭素化、ダイバーシティ＆インクルージョン、経済の再活性化の分野で求められる中、日本は新型コロナウイルス感染症がもたらす困難を変革の好機として、時代が求める「グレート・リセット」を実現するには、産業界のリーダーのみならず、社会全体が課題の緊急性を認識する必要があるとしている。

　こうした改革のビジョン策定に向け、日本がポストコロナ時代に向けて実行すべき4つの「グレート・リセット」（意識のリセット、企業文化のリセット、経済のリセット、グローバルな連携・協力のフレームワークのリセット）を提案している。

　中でも「意識」において、持続可能性や気候変動といった構造的な問題に対処するには、「そのうち時が解決するだろう」という希望的観測を捨て、政府、民間、国民の間で大きな危機感を共有することを出発点としている。

参考：デロイト トーマツ、世界経済フォーラムと協働し日本の「グレート・リセット」のあり方を提言｜ Deloitte Japan

https://www2.deloitte.com/jp/ja/pages/about-deloitte/articles/news-releases/nr20210121.html

　グレート・リセットという転換点にあって、新しい経済・社会システムを創り出し、順応するにはリスキリングが必要であることは言うまでもない。リスキリングは日本においてのみ求められるものではなく、広くグローバルに求められている。次に、OECD諸国を中心に国家施策としてリスキリングに取り組んでいる事例をいくつか紹介したい。

デンマークのリスキリング事例

　リスキリングで成功している国の代表格としてデンマークが挙げられる。

　デンマークは雇用の柔軟性と保障を両立して国際競争力を高めることを目指す「フレキシュリティ」というコンセプトを打ち出して、安心してリスキリング・転職を開始しやすい環境を整えている。

　在職中でも、キャリア形成やリスキリングのための休暇制度を活用して、外部の公的な職業訓練プログラムを有給で受講可能となっており、実際職業訓練プログラムの7割は在職者が受講している。

　失業時には、公的な職業訓練プログラムを無料〜低額で受講可能であり、民間企業も成人職業訓練を自社の教育制度として活用している（企業の28%が短期の成人職業訓練制度を自社の社員教育として利用している）。

　また、職業別のスキル内容に基づいて開発されたプログラムや、実際の民間企業での職場訓練プログラムも受講可能となっており、専門性を獲得するための成人職業訓練「VVU」では、小売、通訳、国際輸送・流通、情報技術などの20の職種別に約1年間の教育プログラムを提供している。

　加えて、職業訓練プログラムを修了することで、職業資格や認定を得ることができる。職業別に必要とされる職業資格や認定、レベルが明確にされているため（一部のプログラムの認定証が、特定の機械操作に従事するための要件となっている）、企業もスキル評価として職業資格や認定を重視して採用を判断している。

職業訓練プログラムを提供する「AMU」（平均1週間程度の短期間で、広範な業種のスキル向上を目指す在職者を中心とするプログラム）では年間で延べ約40万人が受講しており（デンマークの労働者人口は約300万人なので、約13％程度）、20歳以上〜高齢者まで年齢層も幅広い。（図1-20）

図1-20　デンマークにおけるAMU（職業訓練プログラム）の年齢別受講者数

職業訓練制度の実態

幅広い年齢層が職業訓練プログラムを受講

■ 職業訓練プログラムを提供する「*AMU」では年間で、延べ約40万人が受講している（デンマークの労働者人口は約300万人）

■ 20歳以上〜高齢者まで幅広い層で職業訓練プログラムを受講している
　*AMU：平均1週間程度の短期間で、広範な業種のスキル向上を目指す在職者を中心とするプログラム

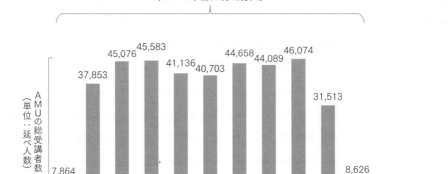

年齢階層別のAMU受講者数（単位：延べ人数）

年間合計は約39万人（延べ人数）
（ユニーク人数は約18万人）

（データソース）：デンマーク児童教育省公式Webサイト
「労働市場における職業訓練プログラム（AMU）に関する活動」
https://uddannelsesstatistik.dk/Pages/Reports/1808.aspx
上記公表データをもとにデロイト トーマツ コンサルティングが作成。

職業訓練プログラム以外にも、地域のジョブセンターのケースワーカーが国・地域の雇用政策方針に照らして、リスキリング内容や就職先を指導しており（ジョブセンターは採用実績をKPIとして財政支援が決まる）、将来の労働需要がある業界を労働者が選択しやすい環境が整っている。デンマークでは産業別・職業別に必要な資格が多数定められているため、リスキリングによる高度人材の増加は、高度な職種への労働移動につながる仕組みになっている。

シンガポールのデジタル人材リスキリング事例

シンガポールは国を挙げてデジタル人材のリスキリングを実行した好事例と言える。

シンガポールは事業者と個人に対して共通のデジタルスキル・フレームワークを提供し、産官学での連携を通じた幅広い人材育成施策を提供している。特に人材と企業によるトレーニングをつなぐ取り組みを重視しており、就労に向けたキャリア支援を積極的に行っている。

例えば、Company-Led Training programme は大企業での雇用を通じてスキルを身に付けさせるプログラムである。連携先企業の採用要件（含：企業側が求める関連資格）を満たす人材に対し、定められた期間でのOJTを通じ、スキルを醸成していく。支援スキームは連携先企業ごとに設計されており、大手ICT先進企業での雇用を前提とした育成が実施されている。

これ以外にも、例えば、ICT業界以外の人材をICT業界人材に転換させるためのトレーニング・メンターシップを提供している。これは、技術系スタートアップへの参加・立ち上げに関心のある人材も想定されたプログラムになっており、これまでのキャリアの活かし方も考慮されている。40歳以上の人材に対し、雇用を通じてリスキリング／アップスキリングを実現するプログラムも提供されており、雇用と実践を重視したリスキリング施策が打ち出されている。

イギリスのGXリスキリング事例

イギリスは成長分野へのリスキリングを促す政策を打ち出している。2021年10

月に取りまとめた "Net Zero Strategy: Build Back Greener"（ネットゼロ戦略）においては、2050年までの「ネットゼロ」達成（CO_2排出量ゼロ）に向け、2030年までに民間投資900億ポンド（約14兆円）を呼び込み、44万人の雇用創出を支援するとした。

　Green Jobs と呼ばれる新たな雇用に適応するため、イギリス政府は国を挙げたリスキリングに取り組んでいる。具体的には Green Jobs Taskforce を設置し、その中で、Green Jobs に適応するためのスキル定義とグリーンキャリアへの道筋を付けることを目指している。

　GX 人材に必要なものは、STEM スキル* やデジタルスキルに加えて、プロジェクトマネジメント、チェンジマネジメント、リーダーシップ・コミュニケーション能力などと整理し、従来の人材育成施策をアップデートしている。

> ＊STEM スキルとは、科学（Science）、技術（Technology）、工学（Engineering）、数学（Mathematics）の4つの分野を総称したスキルを指す。

　さらに、「ネットゼロ」実現に向けて定期的なスキルニーズのモニタリングも提言されており、2023年3月に公開された "The net zero growth plan" においても、Energy and Utilities Skills partnership と the Engineering Construction Industry Training Board が協働して「ネットゼロ」に関連する労働需要とスキルギャップを明らかにし、それを乗り越えるための施策を検討することが示されている。

出典：
■GOV.UK "Net Zero Strategy: Build Back Greener",Powering Up Britain - The Net Zero Growth Plan Updated 4 April 2023（publishing.service.gov.uk）
https://www.gov.uk/government/publications/powering-up-britain/powering-up-britain-net-zero-growth-plan

■JETRO「英政府、900億ポンドの民間投資を呼び込む『ネットゼロ戦略』を発表」2021年10月26日
https://www.jetro.go.jp/biznews/2021/10/f4b646eeb7d42ad5.html

■野村総合研究所コンサルティング事業本部経営DXコンサルティング部令和3年度産業経済研究委託事業最終報告書「成長分野における人材需要の実態把握等に関する調査」2022年3月31日
https://www.meti.go.jp/meti_lib/report/2021FY/000242.pdf

03 | リスキリングに関する 今後の課題

わが国の課題

　これまで見てきたとおり、日本は競争力を向上するために、各企業や自治体をあげてDXやGXなどのトランスフォーメーションに取り組んでいる局面にある。

　デジタルやテクノロジーは手段でしかない。重要なのは、変革（トランスフォーメーション）によって事業やサービスの利便性を上げたり、より創造的な事業やサービスを生み出したり、業務の可視化や改善を進めることである。このようなDXやGXを推進するには、リソースとしてのヒト・モノ・カネ・情報が当然必要であり、特にそれらを担う人材やチームが必要である。しかし、日本はこのようなトランスフォーメーションを推進できる人材が質・量とも大きく不足している状況であると言える。

人材「量」の不足と確保

　情報処理推進機構（IPA）の調査「DX白書2023」によると、人材の「量」について、2022年度調査では「DXを推進する人材が充足している」と回答した割合が日本は10.9%、米国は73.4%であった。「大幅に不足している」が米国では2021年度調査の20.9%から2022年度調査の3.3%と減少する一方、日本では2021年度調査の30.6%から2022年度調査は49.6%と増加し、DXを推進する人材の「量」の不足が進んでいる。（図1-21）

図1-21　DXを推進する人材の「量」の確保

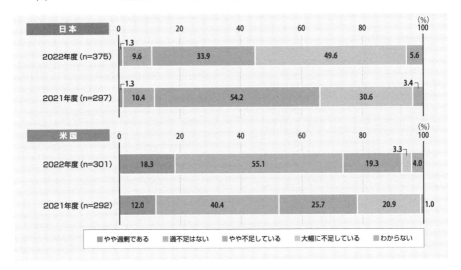

出典：情報処理推進機構（IPA）「DX白書2023」2023年3月16日・図表1-21
https://www.ipa.go.jp/publish/wp-dx/gmcbt8000000botk-att/000108041.pdf

　また、DXを推進する人材の「質」の確保について、日本では、「やや不足している」は2021年度調査の55.0%から2022年度調査は34.4%と減少している一方、「大幅に不足している」は2021年度調査30.5%から2022年度調査は51.7%になり、明確な不足を回答する企業が半数にまで増加している。（→次ページ・図1-22）

図1-22　DXを推進する人材の「質」の確保

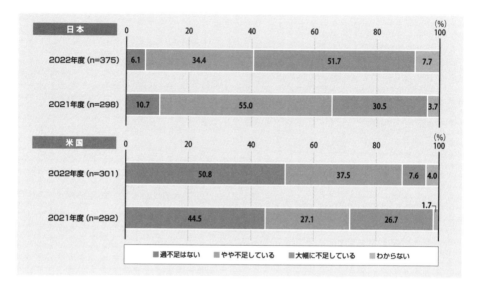

出典：情報処理推進機構（IPA）「DX白書2023」2023年3月16日・図表1-22
https://www.ipa.go.jp/publish/wp-dx/gmcbt8000000botk-att/000108041.pdf

　別の調査においても同様の傾向が見受けられる。

　総務省の2021年度の企業調査によると、DXの取り組みを進めるにあたっての課題として、「人材不足」を挙げている企業が半数以上となっている。これは同時期に実施したアメリカ、ドイツの30%程度と比べて大幅に多い。（図1-23）

　「DX白書2023」によると、日本の「1,001人以上」の企業においてはDXに取り組んでいる割合は94.8%（米国と比較しても高い割合）、「301人以上1,000人以下」の企業においても、82.1%がDXに取り組んでいる。

　また、一般的にほぼすべての業種にてDXに取り組んでいるものと考えられることから、日本は広範囲にわたり、デジタル人材の不足が発生していると推察される。

図1-23 DXの取り組みを進めるにあたっての課題

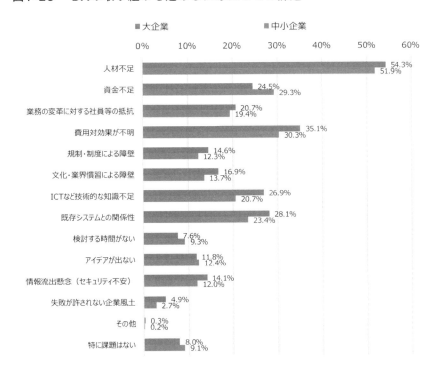

出典：総務省「株式会社 情報通信総合研究所、デジタル・トランスフォーメーションによる
経済へのインパクトに関する調査研究の請負 報告書」（2021年3月）
https://www.soumu.go.jp/johotsusintokei/linkdata/r03_02_houkoku.pdf

　これらの調査結果だけでなく、他の多くの調査においても、日本においてDXを推進する人材が不足していることが示されている。

　また、GXについても、企業・組織の対象は広範囲に及ぶことから、同様の人材不足状況になると想定される。

不足する人材像

　さて、不足していると言われているトランスフォーメーションを推進する人材とはどのようなものであろうか？ ここではDXを中心に考えていく。

　私たちは、さまざまな企業・組織とのディスカッションを通じ、デジタル人材像をL1からL4までの4段階（ただし、あくまで標準形であることから、企業・組織の特性によりカスタマイズすることはあり得る）に区分している。（図1-24）

「DX推進人材」は、DX戦略の推進の中核事業・機能における企画・推進を担う、まさにDXを企業・組織内でリードしていく人材である。

　多くの企業や自治体からうかがった**デジタル人材育成の課題は、「DXを推進するL3人材の発掘と育成」「L1人材にリテラシーを身に付けてもらうことによる底上げ」**の2つである。

　特にL3人材について、各企業・組織とも外部労働市場に人材を求めるだけでなく社内における人材育成に力を入れている。それは、外部労働市場においてデジタル人材が逼迫しているため、なかなか採用しづらいという理由もあるが、トランスフォーメーションを推進するには、社内のビジネスや風土を理解し、物事を動かす「力学」の活用が必要であることから、「内部人材に不足しているデジタル関連のスキルを身に付けてもらうことが有効」という判断だと認識している。

　なお、「DX推進スキル標準（DSS-P）」で設定している5類型の人材は、ここで言う「L3人材」に相当する。また、「DXリテラシー標準（DSS-L）」はすべてのビジネスパーソンが身に付けるべきものであることから、L1人材にあたるものと考えている。

　日本は中長期的に労働力人口が減少していくとはいえ、就業者数や雇用者（ここでは、会社・団体・官公庁、または自営業者や個人家庭に雇われて給料、賃金を得ている人、および役員の意味）数は増加している状況の中、なぜ人材不足が生じるのであろうか？ 人材不足となってしまっている理由として、次の7つが想定される。

図1-24　デジタル人材の人材像

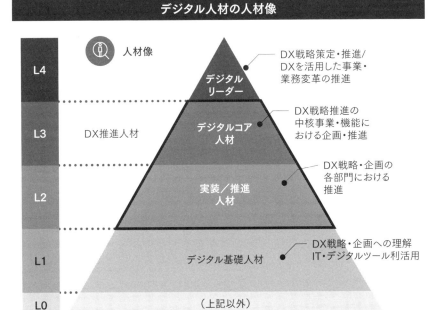

デジタル人材の人材像

区分	人材像	説明
L4	デジタルリーダー	DX戦略策定・推進/DXを活用した事業・業務変革の推進
L3	デジタルコア人材	DX戦略推進の中核事業・機能における企画・推進
L2	実装／推進人材	DX戦略・企画の各部門における推進
L1	デジタル基礎人材	DX戦略・企画への理解 IT・デジタルツール利活用
L0	（上記以外）	

※L3・L2・L1はDX推進人材

出典：デロイト トーマツ コンサルティング

1) 各企業・組織で求められているDX推進人材のスキルに対して、現有人材が持ち合わせているスキルとのギャップが大きい

2) DX推進人材のスキルを持つ社外人材（個人・企業・コンサルティングファームなどの専門家）を十分に活用できていない

3) 就業者数、雇用者数の主な増加要因である女性、ミドル・シニアがDX推進人材のスキルを持ち合わせず、DX領域に参入できていない

4) 日本における就業者数の69%を占める中小企業にDX推進人材が少ない（「DX白書2023」において、「100人以下」の企業においては約40%しかDXに取り組んでいないため、そもそも人材不足自体が生じていない可能性もある）

5）日本における雇用者の36.9％を占める非正規社員のデジタル人材育成・活用が進んでいない

6）リスキリングを実践する主体者である個人がリスキリングにおけるさまざまな壁を突破できない（リスキリングの型を実践できていない）

7）仮に人材が揃っていたとしても、DXチームとして機能させる方法論が浸透していない

これら7つの理由に関する考察を行っていきたい。

1）各企業・組織で求められているDX推進人材のスキルに対して、現有人材が持ち合わせているスキルとのギャップが大きい

　企業や自治体がスキルギャップを埋めるには、研修を実施することも重要だがそれだけでは足りず、経営の方針と連動した形で一貫した人材育成の施策群を行っていくことが必要である。

　デジタル人材に関する代表的な施策群を整理すると図1-25のようになる。ここでは、デジタル人材を想定して記載しているが、もちろんGXや他のテーマにおいても適用できる施策群であると考える。

　なお、私たちは日本企業におけるこれら施策の実施状況や課題を調査している。調査結果については第4章をご参照いただきたい。（→196ページ〜）

　さて、DX推進人材のような高度な人材を確保・育成するため、特に重要だと考えるのは、「実践機会の提供」である。

　出すべきパフォーマンスレベルや、必要なスキルの難しさが高ければ高いほど、インプットだけではなく実践機会の中で実際にアウトプットしてみて、その結果やプロセス、用いるスキルに対するフィードバックをもらいながら、振り返りと改善を行うサイクルを回し続けることが重要になってくる。

図1-25 デジタル人材の育成に関わる施策

経営	経営理念・経営ビジョンの中で、DXに関する方針が明確になっている
人材ニーズの定義	DXの方針に基づき、求めるデジタル人材像や職種のタイプが明確になっている
人材ニーズの定義	デジタル人材・職種が持つべきスキル・知識・資格が明確になっている
人材ニーズの定量化	DXの推進のために必要となるデジタル人材・職種の過不足が特定されている
育成計画	デジタル人材の育成に向けて必要な予算が編成されている
育成計画	必要とするデジタル人材を確保するための育成計画を立てている
育成・研修	デジタル人材・職種を育成するための研修制度を提供している
育成・研修	座学ではない形式で実践的にデジタル領域のスキル・知識を身に付けられる機会がある
育成・研修	資格取得に向けた受験費用・学習に対する補助制度を提供している
実践機会の提供	社内異動や職種変更でデジタル領域の業務に就く機会を提供している
実践機会の提供	組織内・組織横断型のプロジェクトとしてデジタル領域の業務に参加する機会を提供している
実践機会の提供	社外への異動（出向）/兼業でデジタル領域の業務に就く機会を提供している
実践機会の提供	副業としてデジタル領域の業務に関わることができる機会を提供している
ITインフラ	全従業員向けに業務内で活用できるデジタルツール（分析・BIツール/ローコードツールなど）を提供している
組織風土	DXの推進に向けて、組織風土やカルチャーの改革が行われている
コミュニケーション	デジタル領域の人材育成に向けて、1対1面談や評価面談などを通じた社員へのコミュニケーションがなされている
人事制度	評価・報酬・等級を中心とした人事制度の中にデジタル領域のスキル・知識が盛り込まれている
非実施	DX推進に伴う人事施策には取り組んでいない

出典：デロイト トーマツ コンサルティング

社内にDX推進部門やDXプロジェクトなど、実践の場がある場合は、異動やプロジェクトアサインにより実践機会を提供していけるが、社内にそのような場がない場合、社外と連携して共同プロジェクトへの参画、出向、兼業・副業といった方法を用いることも視野に入れるべきだろう。

　近年は、自律的なキャリアの構築、エンゲージメント向上、多様性のあるチーム形成を狙って社内公募による異動を推進している企業も増えている。

　また、グローバルの潮流として、社内/社外でタレントマーケットプレイスを形成し、その中でジョブやスキルと人をマッチングさせる動きがある。特にコロナ禍を機に、柔軟にスキルを組み合わせる必要性が生じたことから、こうした取り組みを行う企業が増加している。

　企業や自治体によるリスキリング/アップスキリングが効果的であればあるほど、人材のスキルが向上するため、社外への転職可能性が高まることは想定される。

　人材の流動化については、単に人材が流動することを目的とするのではなく、これまで関わってこなかった人材同士の交流・協働によってイノベーション創出、ビジネスモデルの変革、業務改善、風土改革を最終的なゴールとした場合、手段としては、必ずしも転職だけではなく、会社籍を変更しない共同プロジェクトへの参画、出向、兼業・副業も含まれると考えている。

　言うまでもなく、人材育成は人を育成することが目的ではなく、企業・組織としてのアウトカム（成果）を高めるための施策であることから、転職可能性が高まるリスクがあったとしても、人材育成は行わざるを得ない。

　人材をアトラクション＆リテンション（A&R/Attraction：引き付け＆Retention：引き留め）し続けたいのであれば基本に立ち返り、魅力的な報酬に加え、魅力的な仕事の提供や魅力的な組織にしていくことが、実は有効なのではないかと考える。

私たちが行った「デジタル人材育成に関する実態調査」において「魅力的な仕事と魅力的な会社」を尋ねたところ、デジタル人材と非デジタル人材との間で志向性の差が大きかったのは、仕事に関しては「世の中にインパクトを与えることができる仕事」「働く時間や場所が自由な仕事」「新しいものを生み出す仕事」であり、会社については「新しいテクノロジーの活用にチャレンジする会社」「果敢なチャレンジが評価される会社」「業績を追求し、自社の成長を重視している会社」であった（図1-26,→次ページ・図1-27）。人材育成の検討と併せて、このような観点から検討を行っていくことも必要だろう。

出典：デロイト トーマツ コンサルティング「デジタル人材育成に関する実態調査2023」（2023年）
https://www2.deloitte.com/jp/ja/pages/human-capital/articles/hcm/digital-hr-development-survey2023.html

図1-26　デジタル人材の志向性（魅力的な仕事）

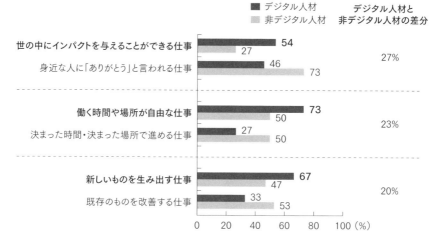

デジタル人材と非デジタル人材における志向性（ギャップが各カテゴリ上位3項目を抽出）

■ デジタル人材
▨ 非デジタル人材

デジタル人材と
非デジタル人材の差分

世の中にインパクトを与えることができる仕事　54／27　　27%
身近な人に「ありがとう」と言われる仕事　46／73

働く時間や場所が自由な仕事　73／50　　23%
決まった時間・決まった場所で進める仕事　27／50

新しいものを生み出す仕事　67／47　　20%
既存のものを改善する仕事　33／53

Q3 あなたにとってより魅力的と感じる仕事は、AとBどちらに近いですか？

デジタル人材 base n=645 ／非デジタル人材 base n=5,742

出典：デロイト トーマツ コンサルティング
調査の集計結果は小数点を四捨五入して表示しており、合計が100%にならない場合があります。

図1-27　デジタル人材の志向性（魅力的な会社）

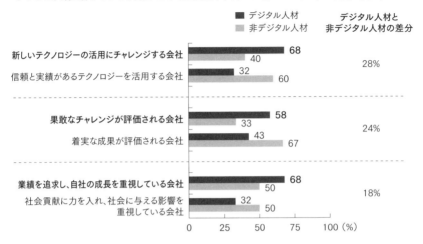

デジタル人材と非デジタル人材における志向性（ギャップが各カテゴリ上位3項目を抽出）

■ デジタル人材
■ 非デジタル人材

デジタル人材と
非デジタル人材の差分

項目	デジタル人材	非デジタル人材	差分
新しいテクノロジーの活用にチャレンジする会社	68	40	28%
信頼と実績があるテクノロジーを活用する会社	32	60	
果敢なチャレンジが評価される会社	58	33	24%
着実な成果が評価される会社	43	67	
業績を追求し、自社の成長を重視している会社	68	50	18%
社会貢献に力を入れ、社会に与える影響を重視している会社	32	50	

Q5 あなたにとってより魅力的と感じる会社は、A と B どちらに近いですか？

デジタル人材 base n=645 ／非デジタル人材 base n=5,742

出典：デロイト トーマツ コンサルティング
調査の集計結果は小数点を四捨五入して表示しており、合計が100％にならない場合があります。

2）DX推進人材のスキルを持つ社外人材（個人・企業・コンサルティングファームなどの専門家）を十分に活用できていない

　DXの潮流として、クラウドや各種テクノロジーツールの発展もあり、変化に対して柔軟に対応できるよう、内製志向を高める方向になっている。

　ただし、これは自社の総合的な能力（ケイパビリティ）をすべて内製（＝社内人材）で確保するということと同義ではないと考える。

　情報処理推進機構（IPA）の「DX白書2023」によると、テクノロジーの内製化が進んでいる米国においても、人材については日本より外部を活用しているのは、ある意味意外であった（図1-28）。社内と社外の使い分けのバランスを、どう取っていくかが重要である。「タレントマーケットプレイ

ス」というグローバルの潮流においても、社内・社外のタレントマーケットプレイスを接続して考えるようになっており、この傾向と符合する。

図1-28　DXを推進する人材の確保・獲得

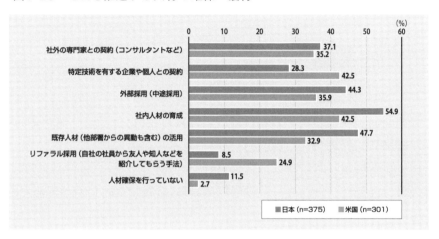

出典：情報処理推進機構（IPA）「DX白書2023」2023年3月16日・図表1-23
https://www.ipa.go.jp/publish/wp-dx/gmcbt8000000botk-att/000108041.pdf

3）就業者数、雇用者数の主な増加要因である女性、ミドル・シニアがDX推進人材のスキルを持ち合わせず、DX領域に参入できていない

　この10年間における就業者数および雇用者数（会社・団体・官公庁、または自営業者や個人家庭に雇われて給料、賃金を得ている人、および役員の意味）の伸びは、女性やミドル・シニアの増加によるものが大きいが、おそらくデジタル以外の職種、業態が多いのではないかと思われる。

　この伸びをDXやGXに関連したものにするには、まさにリスキリングが必要となる。現在、日本においてさまざまな取り組みが行われているが、その中でも「糸満でじたる女子プロジェクト」のインパクト雇用に関する取り組みをご紹介する。（→次ページ・図1-29）

図1-29 糸満でじたる女子プロジェクトの概要

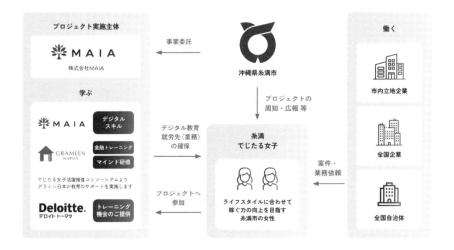

出典：MAIA

　糸満でじたる女子プロジェクトは、沖縄県糸満市が公募した「女性デジタル教育・就労支援事業」の一環として、株式会社MAIAが受託し、実施主体として推進する取り組みである。グラミン日本は、働き方の価値観に関するマインドセット見直しや金融知識習得サポートを提供し、デロイトは実践的なビジネス・デジタルスキルの習得をサポートする。

　また、MAIAは、世界的テクノロジー企業であるSAPとも連携し、専門性の高いデジタルスキル教育プログラムを提供する支援を行っている。

　複数の企業・自治体が協力してエコシステムを形成し、市場価値の高いスキル習得から就労マッチングまで一気通貫したサポートを行うことで、女性の経済的自立支援につなげている。

　DX領域へ参入する就業者・雇用者を増やしていくには、「インパクト雇用（インパクトハイヤリング、およびインパクトソーシング）」の取り組みを広げることも有効と考えられる。

「インパクト雇用」とは、**潜在的能力はあるが、一般的な採用方法では雇用機会が限られている層（シングルマザー、障がい者など）を雇用対象とすることで、イノベーションや社会的貢献を目指す取り組み**である。新たな労働力の確保に向け、近年注目を集めているアプローチで、従来の雇用対象と比較しても採用された人材のパフォーマンスには遜色がなく、より高い定着率を期待できることから、米国の企業を中心に世界各国で広まっている。就労機会の格差を是正する社会貢献にもつながり、雇用主・被雇用者の双方にメリットがあると言える。

インパクトハイヤリングは、2017年にロックフェラー財団と Generation USA（無料の職業訓練などを通じたキャリア支援を行う NGO団体）によって、企業競争力、従業員の経済的安定性、職場の公平性を向上する戦略として提言された。従来の採用手法は、学歴など業務遂行能力に必ずしも直結しない要件が制約になっていると指摘し、人材募集要件を緩和することで、より広い人材プールへアクセスし、パフォーマンスを発揮できる人材の確保につながると提唱されている。

出典：The Rockefeller Foundation, "The State of Entry-Level Employment in the U.S. - A study examining the potential effectiveness of impact hiring on youth unemployment",2017

インパクトハイヤリングは「雇用機会が限られている層」を直接雇用するのに対し、**インパクトソーシングでは雇用機会に恵まれない対象者を採用する中間組織・事業者「インパクトソーシング・サービス・プロバイダー（ISSP）」に業務を委託**する。

ISSP は自組織で業務を受託することもあれば、他組織に業務を再委託することも可能である。直接雇用にハードルがある企業も、インパクトソーシングを活用すれば、間接的に雇用機会を広げることができる。

日本でも、さまざまな団体・企業が協業してインパクト雇用の取り組みを進めつつある。例えば、グラミン日本は、シングルマザーを対象にデジタルスキル育成プログラムを提供し、運営する就労マッチングプラット

フォームにつなげる取り組みを、複数の自治体で展開している。

　このような仕組みが広がることによって、デジタルスキルを持つ新たな人材プールが創出され、企業はDX推進人材へのアクセスを、被雇用者は経済的に安定したキャリアを得る機会を広げることにつながるだろう。

4）日本における雇用者数の62％を占める中小企業にDX推進人材が少ない

　若干古い数字ではあるが、2016年の統計における日本企業の大企業・中小企業の比率を見ると、企業数については、大企業0.7％、中小企業99.3％となっている。また、従業員数（常用雇用者数）については、大企業38％、中小企業62％となっている。

　DXやGXにおけるリスキリング/アップスキリングについては、これまでのところ、基本的には大企業を中心とした取り組みになっているように考えられる。日本においてDXやGXを担うことのできる人材を増やすという観点では、雇用者（会社・団体・官公庁、または自営業者や個人家庭に雇われて給料、賃金を得ている人、および役員の意味）の約6割を占める中小企業に勤務している方々のリスキリング/アップスキリングをどのように進めるかが今後の大きな課題である。

　前述の九州DX推進コンソーシアムの取り組み（→65ページ）など、既に地域の中小企業や支援機関のリスキリングに関する具体的な検討や取り組みはさまざまなところで始まっているが、今後、さらに活性化していくことが望まれる。

（データソース）：中小企業庁「中小企業の基礎データ」2016年
https://www.chusho.meti.go.jp/koukai/chousa/basic_data/index.html
％値は、上記公表データをもとにデロイト トーマツ グループが集計。

5）日本における雇用者の36.9％を占める非正規社員のデジタル人材育成・活用が進んでいない

　厚生労働省の「非正規雇用の現状と課題」によると、日本の雇用は、正

規雇用63.1％、非正規雇用36.9％となっている（非正規雇用はパート、アルバイト、派遣社員、契約社員、嘱託、その他が含まれる）。

雇用者（会社・団体・官公庁、または自営業者や個人家庭に雇われて給料、賃金を得ている人、および役員の意味）全体は2009年から微増してきており、そのうち正規雇用労働者は2015年に8年ぶりにプラスに転じ、8年連続で増加している。また、非正規雇用労働者は、2010年以降増加が続き、2020年以降は減少したが、2022年は増加している。

一方、非正規雇用の育成については、「計画的な教育訓練（OJT）」、「入職時のガイダンス（Off-JT）」は正社員と比べて7割程度の実施となっており、特に「将来のためのキャリアアップのための教育訓練（Off-JT）」は4割を下回っている状況である。（→次ページ・図1-30）

非正規社員に関するDXやGXの育成施策を調査したものはあまり見受けられないが、おそらく、雇用形態の特性上、業務に直結する実務研修が中心になっているものと思われる。日本の雇用において一定のボリュームゾーンであるため、人材の発掘と活用を目的としたアセスメントや育成施策についても検討に値するのではないかと思われる。

厚生労働省の調査によると、民間企業（43.5人以上規模の企業：法定雇用率2.3％）に雇用されている障がい者の数は約61.4万人で、前年より1.6万人増加（対前年比2.7％増）し、19年連続で過去最高となっている。

雇用者のうち、身体障がい者は35.8万人（対前年比0.4％減）、知的障がい者は14.6万人（同4.1％増）、精神障がい者は10.9万人（同11.9％増）と、知的障がい者、精神障がい者が前年より増加し、特に精神障がい者の伸び率が大きかった。

出典：厚生労働省「令和4年 障がい者雇用状況の集計結果」令和4年12月23日
https://www.mhlw.go.jp/stf/newpage_29949.html

障がい者についても、ニューロダイバーシティも含めた、さまざまな観点から人材活用の注目が高まっている。

図1-30 教育訓練の実施状況（就業形態別）

○ いずれの就業形態においても「計画的な教育訓練(OJT)」、「入職時のガイダンス(Off-JT)」は正社員と比べて7割程度の実施となっていますが、「将来のためのキャリアアップのための教育訓練(Off-JT)」は4割を下回っています。

【教育訓練の実施状況】

「正社員に実施した企業割合を100とし、うち「無期雇用パートタイム」「有期雇用パートタイム」「有期雇用フルタイム」に実施した企業割合

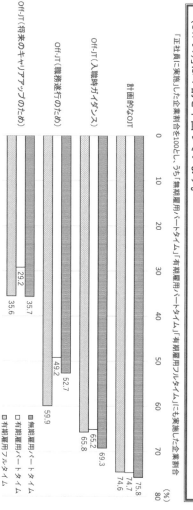

凡例:
- ■ 無期雇用パートタイム
- ■ 有期雇用パートタイム
- □ 有期雇用フルタイム

計画的なOJT: 74.6 / 74.7 / 75.8

Off-JT（入職時のガイダンス）: 69.3 / 65.2 / 65.8

Off-JT（職務遂行のため）: 52.7 / 49.2 / 59.9

Off-JT（将来のキャリアアップのため）: 29.2 / 35.7 / 35.6

（縦軸目盛: 0, 10, 20, 30, 40, 50, 60, 70, 80 （%））

の低い注記>

（資料出所）厚生労働省「パートタイム・有期雇用労働者総合実態調査」（2021年）（事業所調査）表4

（注）1）無期雇用パートタイム：常用労働者のうち、企業（事業所）に直接雇用されている常用労働者で、期間を定めずに雇用されており、かつ、1週間の所定労働時間が同一の事業主に雇用されている通常の労働者（正社員）と比べて短い労働者をいう。
2）常用雇用パートタイム：常用労働者のうち、企業（事業所）に直接雇用されている常用労働者で、1週間の所定労働時間が同一の事業主に雇用されている通常の労働者（正社員）と比べて短い労働者をいう。
3）有期雇用フルタイム：常用労働者のうち、企業（事業所）に直接雇用されている常用労働者で、1年契約、6か月契約など期間を定めた労働契約により雇用されており、かつ、1週間の所定労働時間が同一の事業主に雇用されている通常の労働者（正社員）と同一の事業主に雇用されている通常の労働者をいう。
4）計画的なOJT：日常の業務に就きながら行われる教育訓練をいい、教育訓練に関する計画書を作成するなどして教育訓練担当者、対象者、期間、内容などを具体的に定めて、段階的・継続的に教育訓練を実施することをいう。
5）OFF-JT：業務命令に基づき、通常の仕事を一時的に離れて行う教育訓練（研修）をいう。

出典：厚生労働省「非正規雇用の現状と課題」2024年2月22日更新
https://www.mhlw.go.jp/content/001234734.pdf

090

経済産業省においては、「ニューロダイバーシティ推進事業」において、企業の成長戦略の観点から、自閉症・ADHDといった症状を持つ発達障がいのある方の雇用や、人材活用に関する調査・導入効果検証を行っている。

　既に多くの企業がデジタル領域における人材育成・活用に取り組み始めている状況ではあるが、KindAgent社と私たちもデジタル人材育成のインターンシッププログラムである「Diverse Abilities Internship Program」を推進している。

出典：「KindAgent、デロイト トーマツと障がいのある学生・既卒者向けにデジタル人材育成
インターンシッププログラムを開発」（2023年4月13日）
https://kind-agent.co.jp/wp/?p=55

6）リスキリングを実践する主体者である個人がリスキリングにおけるさまざまな壁を突破できない（リスキリングの型を実践できていない）

　私たちは、DXやGXなどのトランスフォーメーションを推進できる人材を「**パープルピープル**」と呼んでいる。（→次ページ・図1-31）

　こういった領域にて人材育成を考えたり、個人としてスキルを身に付けようとすると、どうしても図右側のテクニカルスキルに着目しがちである。

　しかし、目的がトランスフォーメーション（変革）であれば、図左側のコンセプチュアル・ヒューマンスキルも併せて重要となる。

　人材タイプによって色合いのバランスはあると思うが、今後、DXやGXに代わる新しいトランスフォーメーションの潮流が現れたとしても、コンセプチュアル・ヒューマンスキルとテクニカルスキルの両方のスキルを兼ね備えた「パープルピープル」という考えは適用可能であると考えている。

　「**リスキリングジャーニー**」については、3章で詳しく説明するが、ここでは概要のみお伝えしておきたい。

　私たちは、リスキリングはまさに一連の出来事が連なる「旅」と考えて

図1-31　私たちが提唱する「パープルピープル」

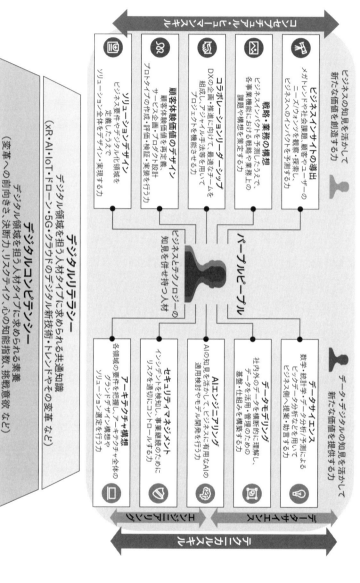

コンサルティングスキル

ビジネスの知見を活かして
新たな価値を創造するか

ビジネスインサイトの選出
メガトレンドや社会課題、顧客やユーザーの
ニーズ・インサイトを観察・探索し、
ビジネスへのインパクトを予測するか

戦略・業務の構想
ビジネスインパクトを予測したうえで、
各事業機能における戦略や業務上の
課題や構想を策定するか

コラボレーションリーダーシップ
DXの企画・推進に向けて、最適なチームを
組成し、アジャイル手法などを用いて
プロジェクトを牽引するか

顧客体験価値のデザイン
顧客体験価値を再定義し、
サービス企画・プロダクト設計、
プロトタイプの作成、評価・検証・実装を行うか

ソリューションデザイン
ビジネス要件をデジタル化し領域を
定義したうえで、デザイン・実現する
ソリューション全体をデザイン・実現するか

パープルピープル

ビジネスとテクノロジーの
知見を併せ持つ人材

データ・デジタルの知見を活かして
新たな価値を提供するか

データサイエンス
数学・統計学・データ分析・予測などによる
ビッグデータ分析などを用いて
ビジネス側へ提案・助言するか

データモデリング
社内外のデータを横断的に理解し、
データを活用・管理するための
基盤・仕組みを構築するか

AIエンジニアリング
AIの知見を活用してビジネスに有用な
適用検討やモデル開発を行うか

セキュリティマネジメント
インシデントを検知し、事業経営のための
リスクを把握し、適切にコントロールするか

アーキテクチャ構想
各領域の要件を把握し、アーキテクチャ全体の
グランドデザインやソリューション選定を行うか

デジタルスキル

デジタルリテラシー
（xR・AI・IoT・ドローン・5G・クラウドのデジタル新技術・トレンドやその変革など）
デジタル領域を担う人材タイプに求められる要素

デジタルコンピテンシー
（変革への前向きさ、決断力、リスクテイク、心の知能指数、挑戦意欲など）
デジタル領域を担う人材タイプに求められる共通知識

出典：デロイト トーマツ コンサルティング

092

いる。このジャーニーには特徴的なイベントや乗り越えるべき壁があり、個人がリスキリングを進める際、今、自分がどこにいるか、どのような壁にぶち当たっているか、次にどのようなイベントが来るのかを予め把握して計画的に推進できるようまとめている。（図1-32）

「パープルピープル」と同様、GXやDXに限らず、あらゆるリスキリングにおいて汎用的に活用できる方法論になっていると考えている。

　企業・組織の観点からは、個人がジャーニーを歩む際の現在地の確認だけでなく、各ポイントにおいて個人への支援方法を考える指針としていただければ幸いである。

図1-32　私たちが提唱する「リスキリングジャーニー」

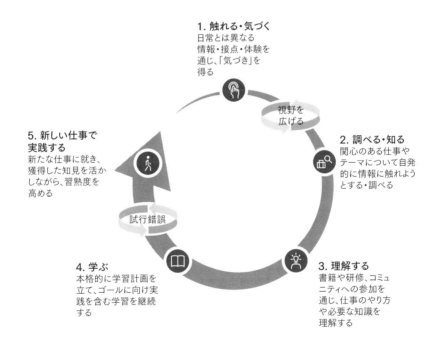

1. 触れる・気づく
日常とは異なる情報・接点・体験を通じ、「気づき」を得る

視野を広げる

2. 調べる・知る
関心のある仕事やテーマについて自発的に情報に触れようとする・調べる

3. 理解する
書籍や研修、コミュニティへの参加を通じ、仕事のやり方や必要な知識を理解する

4. 学ぶ
本格的に学習計画を立て、ゴールに向け実践を含む学習を継続する

試行錯誤

5. 新しい仕事で実践する
新たな仕事に就き、獲得した知見を活かしながら、習熟度を高める

出典：デロイト トーマツ コンサルティング

7）仮に人材が揃っていたとしても、DXチームとして機能させる方法論が浸透していない

DXやGXにおいて成果を上げるには、人材の確保・育成に加えて、人材同士がチームとして連携・連動することが重要である。

社内のさまざまな能力（ケイパビリティ）を組み合わせるだけでなく、社外のさまざまなステークホルダーとコンソーシアムやプロジェクトの形態を取りながら、多様なバックグラウンドを持ったメンバーからなるチームが一体となって推進することが求められる。

チームとして新しいものを生み出すには、デザイン思考を駆使して顧客の声に耳を傾け、短いサイクルで成果を出していくアジャイル・スクラムといった方法が一般的になってきている。

日本においては、これらの新しい概念を実践する取り組みが多くなってきたとはいえ、残念ながらまだまだ途上の段階であり、今後の浸透・展開が期待される。

COLUMN

デザイン思考

企業にてイノベーションに関わる職種（経営企画、事業開発、DX推進など）のビジネスパーソンを対象にした2023年の調査では、認知はしていても活用ができていない実態が明らかになった。

9割超の回答者が「デザイン思考を理解/認知している」と答えた一方で、「現場でデザイン思考を活用している」と答えた率は2割にとどまる。

DXの推進にデザイン思考が有効であることは同調査で示唆されている。「DXに既に取り組んでおり、成果を実感している」企業では、「デザイン思考を習得した人材を非常によく活用できている」と回答した割合は44.5%だが、「既に取り組ん

でいるが、まだ成果は実感していない」企業では、わずか2.3%であった。

出典：株式会社コンセント「デザイン思考・デザイン経営レポート2023」2023年
https://www.concentinc.jp/solution/designthinking-designmanagement-report2023/

アジャイル・スクラム

　組織におけるアジャイルプロジェクトの実態を経年で調査した結果によれば、アジャイル手法は、一定程度浸透してきてはいるものの、現時点では若干足踏みしている状況が見て取れる。

- プロジェクトマネジメント手法では、84%が厳密な「ウォーターフォール」、または「ウォーターフォール中心のハイブリッド管理」を適用しており、アジャイルアプローチを全部、または一部で適用している割合は、2023年時点でも10%と少数であった。

- アジャイルの導入方針について「既に導入しており、拡大する予定」と回答した割合は2023年調査では30%であった。同割合は、2020年は28%、2021年は25%、2022年は30%と横ばいで推移している。

- アジャイル適用への課題として圧倒的に多く挙げられたのが「人材・スキルの不足」であり、7割の回答者がこれを障壁と考えている。

出典：2023年度「アジャイルプロジェクトの実態」に関するアンケート
PMI日本支部 アジャイル研究会 2023年
https://www.pmi-japan.org/agilesg/wp-content/uploads/sites/12/2023/09/PMI_Japan_Chapter_
Agile_Survey_2023.pdf

オープンイノベーション

　オープンイノベーションに関する日米欧の比較研究（2017年）では、日本企業のオープンイノベーションに対する取り組みが、諸外国と比較し低い水準であることが示されている。

- 日本企業のオープンイノベーション実施率は47%にとどまり、欧米企業の78%に比べて低い。

・オープンイノベーションに対する投資額は、欧米企業と比較し少ない。

・オープンイノベーションに対する人員の割り当ては、欧米企業と比較し少ない。

出典：米山茂美、渡部俊也、山内勇、真鍋誠司、岩田智「日米欧企業におけるオープン・イノベーション活動の比較研究」図1,3,4　2017年
https://www.gakushuin.ac.jp/univ/eco/gakkai/pdf_files/keizai_ronsyuu/contents/contents2017/5401/5401yoneyama/5401yoneyama.pdf

　一方、2020年に公表された「オープンイノベーション白書　第三版」では、オープンイノベーションを実施していない企業は依然多いものの、実施している企業は新規事業創出や既存事業収益向上の成果を獲得していることが報告されている。

出典：「オープンイノベーション白書 第三版」32P. オープンイノベーション・ベンチャー創造協議会（JOIC）事務局 国立研究開発法人 新エネルギー・産業技術総合開発機構（NEDO）、2020年
https://www.nedo.go.jp/content/100918466.pdf

第 2 章

7人の
リスキリングストーリー

ここまで、リスキリングの概念・考え方や、データに基づく考察を行ってきたが、本章では、実際にリスキリングを果たした7人（6組）のストーリーを見ていこう。

小説仕立てになっているが、これらの人物像やシナリオは実際の人物・体験を複数混ぜ、改変を加えたストーリーである。そのため、モチベーションの変化や実際に直面する困難、突破した方法は、実例に基づいたものになっている。

7人（6組）は下記のペルソナで、年代や職種、キャラクターや置かれている家庭状況もバラつかせている。読者自身の境遇に重ねて読んでいただけると共感や気づきもあると思う。

7つのペルソナ

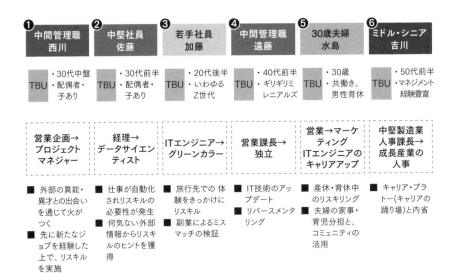

出典：デロイト トーマツ コンサルティング

01 | 中間管理職 西川

（35歳 男性）

　35歳の男性、西川は1,000人規模の中堅電機メーカーで課長補佐として働いている。テクノロジーの進歩により自分の仕事が自動化されることを強く懸念し、ITパスポート取得を試みたこともあったが挫折に終わっている。

　ある日、彼は会社の全体会議でCEOの話を聞いていた。業界競争力を保つため、会社はAIなどのデジタル技術を導入する方向性を明確にし、従業員にリスキリングの必要性を強調した。その時から西川は、自身が持つスキルの再評価と向上を考えるようになった。

　ほどなくして、彼に新たな機会が訪れる。社内のDX（デジタルトランスフォーメーション）プロジェクトにおいて、プロダクトの要件定義を行うためのインタビューを受けることになったのだ。

　そのインタビューで彼が接したのは、社内のプロジェクトマネジャーである40歳代の女性と、外部コンサルタントである30歳代の男性だった。

　彼らのプロジェクトの進め方、新しいものを素早く作り上げていく様子は、西川がこれまで経験してきた仕事の流れとは全く異なっていた。

　特に、プロジェクトマネジャーのファシリテーション力、コンサルタン

トの論理的思考力、両者のテクノロジーや変革（トランスフォーメーション）に関する深い知識は、彼にとって新鮮で大きな刺激となった。

西川は、彼らが持つこれらのスキルに強く憧れ、自身もそんな人間になりたいと強く思うようになり、それがリスキリングへのきっかけとなったのである。

とは言うものの、「具体的に何から始めればいいのか」「どのように学び進めていけばいいのか」は全く見当がつかなかった。そこで彼は、書店でテクノロジーや資格に関する書籍を購入し、自分が学ぶべきことを探したのだが、どの知識が直接、自分自身のキャリアにつながるかを理解するのは難しかった。

そんなもやもやを抱えたまま、西川は思い切ってDXプロジェクトのインタビューをしたプロジェクトマネジャーに相談を持ちかけた。

プロジェクトマネジャーは彼の相談に真摯に対応し、キャリアアップのために進むべき道として、

① 実際の自社プロジェクトで新たなスキルを学ぶ
② 国や自治体、有志が主催するコミュニティに参加して学ぶ
③ 転職する

の3つの選択肢を提示してくれた。彼は小さな子どもと家計のことを考え、自社内で新たなスキルを学ぶ、①の道を選ぶことにした。

社内公募制度でプロジェクトメンバーのポジションも公募されていたが、申請まではどうも踏ん切りがつかない。そこで上司に、部内で実施されている営業支援ツールの構築プロジェクトに関与できないかを相談してみたところ、「今の仕事との兼務であればよい」との回答を得た。

同僚や後輩と仕事の分担について相談し、何とか20〜30%程度の工数を捻出できたので、いよいよプロジェクトへ参画することになる。

しかし、初めてのプロジェクトに参加してみると、自分の知識や経験が
いかに不足しているかを痛感した。通常業務と異なり、決められた仕事を、
決められたとおりに進めるのではなく、「何をやるか」をチームで考えなが
ら進めるのだ。リーダーから「営業社員の生産性向上に向けて、課題と
対策を検討してください」という役割（ロール）を与えられたものの、何から
手をつけてよいかわからず困惑する日々。他のプロジェクトメンバーも
同様に試行錯誤しながら進めているが、自身は特に具体的作業指示を受
けていないので、ひとまず日常業務を進めることにした。

　ある日、プロジェクトリーダーから呼び出され、「西川さん、この2週
間でどんなアウトプットを出しましたか？」「どのような計画で進めていま
すか？」と問われた。
　西川は困惑と同時に、「しまった」と思った。まだ具体的な作業指示を
何も受けていなかったこともあるが、どう進めてよいかわからない西川は、
あまり思考を要さない日常業務を優先し、結局、忙しさにかまけてプロ
ジェクト業務を放置してしまっていたのである。
　プロジェクトリーダーからは「西川さん、新しいものを企画し、進めて
いくプロジェクトは、どんなタスク・アウトプットが必要で、どう進め、ど
のような進捗管理を行うか自分で考え、提案してもらわないと困る。私た
ちは作業をやっているのではなく、課題を解決するためにプロジェクトを
組成しているんだよ」と指摘されてしまった。
　西川は「今までのやり方と違うのであれば、教えてくれてもいいじゃな
いか」と心の中で半分愚痴りつつ、同時に反省もした。
　CEOは既に言及していたのだ。「オペレーション業務はAIやロボットを
活用し自動化を進める。皆さんは課題を見つけ解決策を考える。思考し
たり改革を前に進めるような仕事に率先して取り組み、そのためのスキル
を身に付けてほしい」と。

一方、自分は「思考」することに慣れておらず、つい、あまり思考のいらない日常業務にかかりきりになってしまった。作業指示もなく、自分で課題解決したり、価値創造していく業務を自分で考える。生成AIやその他デジタル技術が進展する今後の社会においては、そうしたことが求められるのだと気づきはじめた。

　その後、彼はプロジェクトを通じて日々必要なスキルを見つけ、それを1つ1つキャッチアップすることに尽力する。「何を学ぶべきか」が明確になり、彼は書籍や動画サイトを活用しながら学習を進めた。

　初めてのプロジェクトで活躍できなかったことは確かだった。しかし、それが今の彼に何が不足しているか、具体的に何を学習すべきかを明確に示してくれた。彼が求められるスキルはプロジェクト管理、リーダーシップ、IT知識、コミュニケーション力など多岐にわたった。

　この経験を通じて、西川はPMP（Project Management Professional）の取得を目指すことに決めた。すぐにオンラインでPMPの認定コースを見つけ、学習を始める。学習は難しかったが、必要なスキルが明確になっていたので、彼はどう進めていけばいいのかがわかり、諦めずに学び続けた。

　残念ながらPMPの資格そのものは取得できなかったが、その中で多くの体系的知識を学び、業務で使える知見も特定できるようになった。

　結果として資格の合格点を取得できなくとも、そのプロセスで学んだことは、彼にとってさらに必要となる学習要素の特定や、業務における貢献を大いに助けた。

　西川は「このままPMPの取得を目指す」か、「PMPやプロジェクトの中で特定された新たに習得すべき知識・スキルを学ぶ別の機会を求める」か悩んだ。資格取得は自身の転職やキャリアアップ、何より自尊心の向上につながると感じつつ、「もっと実践的な知識・スキルを学ぶ機会を求めたい」と思い始めた。

そこで彼は、本プロジェクトが終わり、リーダーから多くの要改善事項をフィードバックされつつ、同様の仕事に就く機会を求めた。上司・リーダーとも相談し、別の部署で実施している複数部門を横断したプロジェクト「データを活用した新たなマーケティング・セールスモデル構築」へ参画することになったのである。

　西川は前プロジェクトの学びから、このプロジェクトのゴールや目的について、必要な知識・スキルの仮説を置いて、メンバーに自らいろいろ聞きながらキャッチアップした。新たなプロジェクトは難しさもあったが、彼は困難を乗り越えてプロジェクトを成功させ、さらに多くの経験と自信を得ることができた。

　これらの経験が西川のリスキリングの旅であり、新たな自分を見つけるきっかけとなった。今後、人に求められるであろう働き方を、徐々に実践・体現し、リスキリングを果たした。彼の顔は自信とやりがいに満ち、今日、仕事だけでなく、家庭でも新たに身に付けたスキルを活かして、周囲から尊敬される存在となっている。

解説

　西川は、「内発的動機」に突き動かされてリスキリングに突き進むタイプではないが、プロジェクトマネジャー・外部コンサルタントという「異能・異才」と接するという外的刺激を通じ、心に火がついたケースだ。

　社会的にリスキリングが叫ばれているが、実は「何に向かってリスキリングするのか」が示されていることは多くない。彼は、課題を設定して施策を考える企画・構想業務を「勉強する前に体験する」ことで、苦労しつつも自身に足りていない知識・スキルの解像度を一気に上げた。

　つまり、業務で必要な学習要素が明確になったことから、業務での活躍に向けて最短距離でリスキリングが可能となったのである。

また、西川は途中でPMPの取得を志すも、資格取得には至らなかった（PMPは取得難易度が非常に高い）ものの、学習プロセスの中で、仕事に必要な要素とそうでない要素の峻別ができるようになり、業務上必要な要素を中心に効率的に学習した。

　世の中には資格をたくさん持っていても、業務パフォーマンスはさほど高くない社員がいる一方、ほとんど資格を持っていないにもかかわらず、大活躍する社員はいる。そのことに気づいた西川は、まず、新しい業務に身を置くキャリア戦略を取った。自身のラーニングカーブを最も効果的に持ち上げる方法だと悟ったからだ。

　本来、会社や組織が新たな仕事やポジションで求められる知識・スキルを明示し、そこに向かって学習するのがいいのだが、職務の言語化が苦手な日本企業ではあまり実施できていないことが多いようだ。

　ジョブ型の人事制度導入がトレンドになっているが、実際にはメンテナンスが不十分だったり、ジョブ内容が明確になっていない「なんちゃってジョブ型」で本人の学習方向性が定まらないケースも見られる。

　個人として、「会社からリスキリングの方向性が明示されていないので学習できない」と諦めてしまうと、生成AIをはじめとしたテクノロジーによる自動化で、人間が担う職務の置き換えに巻き込まれてしまう。今後、西川のように新しい仕事に飛び込んでいくようなスタンスが重要になる。「そうはいっても自分の性格的に手挙げで企画的な仕事に飛び込むのはちょっと…」と思う読者もいるかもしれない。そうした方は、このストーリーでも語られていたように「社内のプロジェクトや社外のコミュニティに参加」という手段もある。

　そうしたメンバーと接することによって、「自分が、もしこういう仕事をするのであれば…」という仮定を置いて、自分に不足している知識やスキルを西川のように明確にすることもできるだろう。

02 中堅社員 佐藤

(32歳 女性)

　32歳の女性、佐藤真紀は、3,000人規模の大手小売業の財務・経理部で働いている。まじめでソツのない働き者で知られており、財務・経理部の信頼を一身に受けていた。

　家族構成は広告業に勤務する同年代の夫と、無邪気に遊びまわる3歳の双子の子どもたち。彼女は社会と家庭の両方で果たすべき役割に全力を尽くしていた。平日の朝は子どもたちの朝食を作り、夫に子どもの保育園への送り出しを頼み、自身は短時間勤務を選んで、毎日9時から16時まで働いている。

　彼女の日常生活は忙しいもので、仕事を終えると子どもたちが待つ保育園へと急ぐ。夫が帰るまでの間に夕食を作り、家族団らんの時間を大切にしていた。

　会社では伝票処理、立替経費精算管理などを担当し、毎日ビジネス部門からの問い合わせや確認連絡などの業務に取り組んでおり、仕事を忙しくこなすことを通じて会社の一員としての価値を感じていた。

　しかし、財務・経理業務の世界でもデジタル変革は止まらず、AIやロボットによる業務変革の流れを感じ取っていた真紀は、自分の立ち位置

に不安を抱いていた。財務・経理業務は繁閑が激しく、月末や決算時期の多忙さで真紀はへとへとになることもあった。そんな時、彼女はスマホラジオを聴くことで気晴らしをしていた。

経済、科学、哲学、芸術、スポーツなど、さまざまなジャンルの著名人の話を聴くことは、彼女にとって新鮮な知識を得る一方で、自身の仕事や育児・家事に対する新たな視点を与えてくれる時間でもあった。

ある日、真紀が耳を傾けていたのは、AIを駆使してさまざまな洞察を提供するデータサイエンティストの話だった。高校時代、数学は決して得意ではなかったが、データサイエンティストがわかりやすく統計や解析の話をしてくれるうちに深い興味を持つようになり、自分が現在携わっている財務・経理の領域でもAIの活用がますます増えていくことに気づいた。

彼女は、スマホラジオの中で学んだ知識を自身の仕事に活かすことを決意する。社内でリリースされていたAIが搭載された統計・解析・BIツールを使い始め、自身が抱える財務・経理上の問題に取り組んでみようと考える。社内で展開されていたマニュアル・ガイドラインを見ながら試行錯誤してみるものの、なかなかデータサイエンティストのようには華麗に分析とはいかない。

四苦八苦しながらも、なんとかダッシュボードにグラフを1つ2つ作成したところで「Excelでやったほうが圧倒的に早いじゃん」と思ってしまう。彼女はそこで面倒になってツールの利用をやめてしまった。

その後、彼女は相変わらず育児や仕事に忙しい日々を送る。そんな中、ある日、財務・経理部の定例会議で部長が話した、「会社の方針で財務・経理部の人員も徐々に縮小することが決まった。来年度以降、皆さんには他の部への異動も含め、個別に相談させてもらうことになると思う」という内容に衝撃を受けたのだった。

真紀自身は関与していなかったが、別のプロジェクトチームが「間接部門改革」と称し、業務の標準化や廃止、簡素化に加え、AIや各種システムを導入していたことは認識していた。とはいえ、どこかのメディア記事で見た「財務・経理業務の大半はロボットやAIに置き換えられる」という現象が、こんなに早く自分の身に降りかかってくるとは…。

　その日、家族との食事を終え、夫が子どもを寝かしつけてくれたあと、真紀は会社でのことを相談してみた。
「…なるほど。真紀の会社でもそんな状況になったんだ。実は僕の会社でも、昨年からコーポレート部門への問い合わせや依頼が全部自動化されたんだ。何を相談するにしてもチャットボットというか、生成AIだな。なあ、真紀は今後どうしたいの？」
　そう問われても、真紀はうまく考えを整理できなかった。「こういう仕事をしたい」という明確な志向や内なる動機が湧いてこないのである。
　一方で、雰囲気のいい職場で、気のいい同僚がいる今の職場は好きだが、双子の育児や家事のことを考えると、「もう少し自分で仕事の時間をコントロールできる仕事があればいいな」と感じていたことも事実だ。

「僕の仕事でも、一部のクリエイティブの仕事が、生成AIによって強化されたり、自動化されているんだ。最近、人は『作られた仕事』をやるのではなく、『仕事を作る側』に立たないといけないのかなと思い始めてる」
　夫が言うには、今後は定型的な仕事であったり、非定型な仕事でもデータがたくさん溜まっているような仕事はAIやロボットが担い、人間はそれ以外の仕事をやることになるとのことであった。
　真紀は夫の言葉を聞いて、『そう言えば、スマホラジオのデータサイエンティストも同じようなことを言ってたっけ…。非定型の仕事は示唆や成果を出すことが重要なので、むしろプロジェクトメンバーのアサインや業

務分担の仕方を通じて時間はコントロールしやすいって言っていたな』と言うことを思い出しながら、夫に自分の思いを話してみた。

「私最近、解析とか、データサイエンスに興味があるんだよね。といっても、本当に興味本位って感じだけど」

「データサイエンティストってデータやAIを使って示唆を出す仕事だろ？まさに『仕事を作る側』なんじゃないかな。もし真紀がそういう職業にチャレンジしてみるということなら、僕は応援するよ。あれ、数学とか得意だっけ？」

　夫の最後の言葉は無視しつつ、真紀は一度諦めた統計・解析に関する学習を再スタートさせることにした。勉強の時間は、夜だと子どもの寝かしつけで自身も寝てしまうので、朝、早起きして毎日1時間やってみようと決心した。

　今回はツールを使うだけでなく、数学の基本的な内容から学びなおすつもりで、各種参考書を購入し、公開講座へも参加した。

　まず、真紀は確率と統計について学び始めた。平均、中央値、分散などの基本的な統計量をはじめ、確率分布、ベイズ理論などを通じてデータの不確実性を理解する方法を学ぶ。これらの知識はデータ分析の全体像を把握するのに必要不可欠だった。

　その後、ベクトルや行列の基本的な操作、固有値や固有ベクトルなどが、データの形状や構造を理解するのにどう使われるのかを学び、その後、微分積分だった。

　これらの概念は機械学習のアルゴリズムで頻繁に出てくるため、ここでしっかりと理解しておくことが重要だった。

　数学の基礎を固めたところで、真紀はPythonというプログラミング言語を使って、これらの知識を実践的な形で使う方法を学び始める。

Pandas や NumPy といったライブラリを用いて、データを整理し、処理する方法を学んだ。

　その後、Scikit-learn というライブラリを使い、実際の機械学習モデルを作る方法を学んだ。最初は難しく感じたが、繰り返し試行錯誤を重ねることで、徐々に理解を深めていく。

　仕事や育児の合間を見つけては公開講座に参加し、データサイエンスの専門家から直接指導も受けた。その学びを自身の業務に適用し、仕事の効率化だけでなく、新たな視点からの問題解決にも活用した。

　そんな生活が1年ほど経ったある日、上司・同僚と雑談をしている中で、思わぬ話の展開になる。

　「佐藤さん、最近データサイエンスの勉強を頑張ってるって聞いたよ。机上で勉強しているだけだともったいないから、財務・経理部業務で少し活用してみない？ IT部門に知り合いのデータサイエンティストがいて手伝ってくれるみたいだから」

　IT部門のデータサイエンティストの助けと、一部日常業務を他の同僚が引き取ってくれたことから、真紀は実業務へのデータサイエンスの活用機会を得た。具体的には、日々伝票処理や取引先との請求書管理の中で、近年問題になりやすい「不正検知」を実践することにした。

　日々、学習したとおり、まずはデータ収集、ついでデータの前処理を行う。そして、データの特徴（特徴量）を選択・作成するところから、モデルのトレーニング・評価、実装に至るプロセスまで、IT部門のデータサイエンティストのサポートを受けながら、何とかやり切った。

　やがて、彼女が見つけ出した解析結果は、彼女自身だけでなく部署全体にも注目されるようになる。

　それは、単純な業務効率化を超えて、財務・経理部門全体の業績向上

に貢献するものであり、真紀の努力は上層部にまで評価され、彼女自身の仕事の質を向上させた。

その後、真紀はさらに自分のスキルを磨き、AIの仕組みを本格的に学ぶことを決意した。限られた時間の中でも、彼女はG検定の資格取得など学習を続けた。その結果、真紀はこれまでとは全く違う視点から業務を見ることができ、新たな発見を重ねていく。

そんな彼女の活躍に、ある日突然、財務・経理部門向けにAIビジネスを展開するベンチャー企業からの転職のオファーが舞い込んでくる。

真紀の活躍は人づてに伝わり、真紀のこれまでの経験と新たに得たスキルが評価され、彼女自身の人生を一変させる機会が訪れたのだ。

解説

真紀は、昨今多く見られる夫婦共働き家庭において、自身の業務が多く自動化されるリスクを肌で感じることを通じて、リスキリングを決意したケースだ。

真紀のケースでは、自身が具体的に「こんな仕事をやりたい」と考えているというよりは、「仲間・同僚」や「労働時間の選択可否」という点に重きを置いており、データサイエンティストを志すきっかけが、普段利用しているスマホラジオ（ふと聞いていたラジオのデータサイエンティスト）と家族の存在であった。

データサイエンティストのような「知識・知見」がベースとなる職種においては、自律的なキャッチアップや学習が欠かせない。数学をあまり得意と思っていなかったものの、子どものころから宿題や試験勉強に対してそこまで苦痛に感じなかった真紀は、学習を習慣化させ、知見を身に付けることができた。

専門色の強い職種においては、得てして、知識はあるが業務に活用でき

ない「頭でっかち」ような人材が生まれがちだ。知識を獲得するための学習に相応の時間を費やしているのだから、当然と言えば当然の傾向だろう。

　真紀のケースでは、上司や同僚、会社のデータサイエンティストからのサポートを受けて業務への活用機会も得ることができた。

　ストーリーでは語られていないが、データサイエンティストは真紀がこれまで担ってきたような「与えられる仕事」ではなく、「自ら課題仮説を設定し、改善を生み出していく仕事」である。

　そういう意味では、自ら提言・提案していくような仕事のスタイルが求められるようになる。真紀がそのような行動変容が可能になったかどうかは、また別のストーリーになる。

　さらに、データサイエンティストをはじめとした専門色の強い職種においては、絶えず進化し続ける技術や方法論を常にキャッチアップし続けることが求められる。そういった自律的な学習サイクルを習慣化できるかもポイントだ。

　昨今、生成AIをはじめとする「学習の生産性を飛躍向上させる」ツールが多数登場している。そうしたツールもうまく使いこなしていくことが、今後はより重要になるだろう。

03 | 若手社員 加藤
（27歳 女性）

太陽の光が眩しい夏の朝、繁忙期を終えた開発プロジェクトから一息つくことができた加藤菜々美は、オフィスの窓から見える青空に目を向けながら、冷たいカフェオレを一口飲み込んだ。

五反田の会社は今日も賑やかだ。カラフルで遊び心溢れるインテリアがちりばめられたオフィスは開放的な空間を作り出し、若きエンジニアたちの創造性を刺激していた。

菜々美はベンチャー企業でエンジニアとして働いていた。新しいもの好きで、キャリア形成の観点からも「生産的に働きたい」という性格から（いわゆるタイパというやつだ）、無駄な根回しや過度な上下関係が苦手な彼女にとって、この会社は理想的だった。

そこにはさまざまなバックグラウンドを持つメンバーが揃っていた。元大手SIer（エスアイヤー：システム開発を請負う企業を表す和製英語。正確にはSystem Integratorのこと）出身のベテラン、海外留学を経験した若手、そして菜々美のような大手製造業から転身したメンバー。それぞれが専門性を持ち寄り、多様性を帯びた1つのチームとなって仕事に取り組んでいる。

こうしたメンバーたちとの協働は、菜々美にとって大きな刺激だった。

自分の意見を率直に言い合える風通しの良さ、自由な発想が評価される文化など、すべてが彼女の成長を促した。それは、従来の上下関係に縛られた大企業とはまるで違う新しい働き方で、自身もその雰囲気に魅了されていた。

　菜々美は早々にスキルアップを図り、今では重要クライアントとの開発案件のリードを担えるだけの実力があった。

　しかし、27歳の彼女は微かに心に感じていた「違和感」を抑えきれなくなっていた。その違和感の根源は、「自身が何を大切にし、どの方向に進んでいくべきか」という疑問から来ていたのである。

　ここまで、すべてが成長機会であり、がむしゃらに働き、学んできた日々。一方、30歳が見えてきた中で、ある程度自身も業務をリードできるようになった現在地から、そのまま今の山を登り続けるべきなのか。それとも、より経験の幅を広げるべく、新しい業界や業種にチャレンジすべきなのか…。

　そんな日々を送っていた彼女は、開発プロジェクトもひと段落したことから、夏期休暇を利用して息抜きのため、オーストラリアへ旅行することにした。

　オーストラリアは日本の夏と季節が逆で、涼しい気候の中で観光を楽しむつもりだった。しかし、訪れた先で彼女を待っていたのは、予想もしなかった「異常気象」だった。

　晴れることのなさそうな雲行き、ベランダに打ち付ける雨音、街を行き交う人々の焦燥感。太陽が降り注ぐはずのシドニーの街は、途端に水の世界と化し、それはまるで災害映画のワンシーンのようだ。

　Uberを呼ぼうにもアクセス集中でサービスが停止、公共交通機関も安全確保のため運行を停止。菜々美はホテルに閉じこもり、窓から増水する街を見つめるしかなかった。

その間、彼女の頭に浮かんだのは、故郷、長野での記録的な大雪のことだった。あの時も新幹線が止まり、一夜にして市全体が閉ざされてしまったのを思い出した。

これらはすべて彼女が見聞きしてきた「異常気象」の一部であり、世界各地で頻発していることを彼女は認識していた。しかし、それが自分の身に直接起こると、その恐怖と無力感は全く違ったものだった。

この体験をきっかけに、彼女の心には「なぜ、こんなことが起こっているのか？ それは自然の摂理なのか、それとも人間が引き起こしたものなのか？」という深い疑問が生まれた。

これまで彼女はITエンジニアとして、自身のスキルと知識を社会のため、人々のために活用してきた。しかし今回の経験を通じて、彼女は「地球環境の問題」に目を向けるようになった。

シドニーからの帰国後、菜々美の生活は再び、日常に戻っていた。オーストラリアでの恐怖と混乱は徐々に記憶の彼方へと薄れていく日々。しかし、日常の中にも異常気象という現実は忍び込んでいた。

ある日、菜々美は会社から提供される必須e-learningの1つ、「Climate Change（気候変動）」の講座を受けた。企業活動と気候変動の関係、そして個々人が取り組むべき行動について学ぶ中で、彼女は再び異常気象の恐怖と向き合うこととなる。同時にそれがビジネスの中心課題となっていることを改めて実感した。

数日後、職務ネットワーキングSNSで一通のメッセージが彼女の元へ届く。メッセージには「CO_2排出量可視化」に向けたプロジェクトの担当者としてのオファーが提示されていた。

その仕事は、とある電機メーカーの工場におけるCO_2排出量のデジタル化と、排出量削減に向けた施策策定を担うものだった。

菜々美は新たなオファーを見て目を丸くした。彼女はこのような環境に焦点を当てた仕事があることを初めて知ったからだ。それは新鮮で、何より彼女がシドニーと長野で感じていた地球環境への関心と深く共鳴するものであった。

　それをきっかけに、彼女は「脱炭素」や「GX（Green Transformation：グリーントランスフォーメーション）」について、さまざまな情報を収集し始めた。AIを活用した生成や検索を駆使して、この新たな領域について学び始めたのである。

　その過程で彼女が見つけたのは、世界が取り組んでいる大きな動きであった。産官学が一丸となって推進していることや、この市場が雇用を含めて大きく拡大していることを知った。何より、地球規模の課題に対して、企業がダイナミックに取り組んでいることに彼女は興奮を覚えた。

　菜々美は受け取ったオファーに興味を抱いた。だからこそ、まずは採用エージェントに話だけでも聞くことにした。

　エージェントとの話し合いの中で明らかになったのは、オファーが予想以上に高度な技術と革新的なビジョンを要求する職務だということだった。

　工場のCO$_2$排出量の可視化、工場機械の稼働率向上、調達ルートの最適化によるコスト削減。それらすべてはクラウド技術とIoTを活用することで達成可能であり、具体的な成果としての事例も存在するとエージェントは語っていた。

　しかし、それらの領域は菜々美にはまだ新しく、知識と経験が不足していた。特に、電機メーカーの工場プロセスについては全くの未知だった。

　彼女はその不安をエージェントに伝えた。すると、エージェントはにっこりと笑い、「クラウドやIoTの知識は入社後に学べば十分。工場プロセスについては、現場の作業員と協力しながら学ぶのが一番。あなたの未知への好奇心と挑戦心があれば、大丈夫ですよ」と彼女を励ました。

仕事の内容自体は確かに面白そうだし、何より地球環境への対応という意義も感じられた。だが、一方で菜々美は懸念も抱いていた。それは工場でありがちな、上下関係の厳格さや体育会系の雰囲気だ。そういった文化は彼女には苦手で、それが今の業界にいる理由の1つだった。

　こうして、新たなチャンスの前に立った菜々美は、進むべき道を迷っていた。一方で彼女は新しいチャレンジに魅力を感じつつ、他方では自身の弱点と向き合わなければならないという状況にあった。

　菜々美は悩み抜いた末、自分にとって新しい形のチャレンジを試みることを決めた。それは、彼女の友人たちが始めているような「副業」だった。週1〜2日だけ新しい職種に携わる。そんなアイデアが閃いた菜々美は採用エージェントに相談してみた。

　エージェントは彼女の提案に驚きつつも、実は既にいくつかのインディペンデントコントラクター（フリーランサーなど）が同様の働き方をしていると説明するとともに、菜々美の副業案に二つ返事でOKを出した。

　これに安堵した菜々美は、すぐさま現職の企業にも報告した。幸いなことに、彼女の所属する企業は副業を推奨するベンチャーだったので、問題なく許可が下りた。

　そして、翌週の金曜日から新たな仕事が始まった。電機メーカーでの新しい仕事は、毎週金曜日に専念することになった。

　その他の日々は、現職の企業で仕事を続けつつ、クラウドとIoT関連の資格取得や学習にも力を注ぐ。

　副業初日、菜々美は朝早くから電機メーカーの工場へ向かった。今までのキャリアにおいて、大手産業機械部品メーカーで働いた経験があった菜々美だったが、工場の雰囲気にはやや緊張していた。彼女の心中は、過度な上下関係や体育会系の雰囲気への警戒感でいっぱいだった。

しかし、実際に工場に足を踏み入れてみると、そこは彼女が想像していた場所とは大きく異なっていた。作業員や生産管理の社員たちは皆、非常に友好的で協力的だった。その原因は、近年、シニア世代の大量退職が相次ぎ、それに伴い人材確保の観点から工場の組織風土改革が進められていたからだった。

　菜々美は、それまで抱いていた不安が解消したと同時に、自身が持つ技術が企業の生産性向上、そして社会課題解決に直接寄与できるものだと確信した。その想いは、彼女のモチベーションを一段と高め、仕事への熱意を増幅させる。この新たな環境での仕事に、菜々美自身も次第にのめり込んでいった。

　作るものは違えど「モノづくり」という点で共通していたIT開発と電気機器の製造。雰囲気や働くメンバーの年代は違っても、そこで重要視する価値観は共通していた。従来の固定観念を覆し、副業のほうが主業になることに菜々美自身、驚いていた。

　だが、それは彼女自身のスキルが企業の生産性向上、地球環境の改善に貢献できることを実感した結果だった。

　旅行好きな彼女が目の当たりにした異常気象は、自身のキャリアをリスキリングへと向けるきっかけとなった。それは結果として、菜々美自身が新たな価値を生み出すエンジニアへと変わることを意味していた。

解説

　菜々美はいわゆるＺ世代で、幼少期から私生活ではITが当たり前に使われているデジタルネイティブである。そんな彼女は旧来的・伝統的な年功序列、非生産的な働き方を望まず、自身の40～50年のキャリアのうち、最初の数年をどの企業に捧げ、どう成長していくことが最も「効率的か」

を考えるキャラクターであった。そのため、旧態依然とした企業には適応できず、自身と同じような価値観を持つ人の集まる企業に転職する。

このような人材が、果たして大企業や伝統的な企業で働くことは可能なのか。答えは「その素地が整いつつある」というのが、昨今の状況だ。

ジョブ型の人事制度導入や、積極的な外部知見の獲得に合わせ、多くの企業で人材確保を目的に組織風土改革が行われている。特に、近年は世代交代が進み、10年前とは雰囲気も大きく変わってきている。

菜々美のような価値観を有する人材が、改めて旧態依然とした風土へ価値観を転換することは非常に困難であり、企業側が彼ら・彼女らとうまくコラボレーションしていく組織づくり・風土づくりがより重要になってきていると言える。

さて、菜々美は自身の知見を活用し、まさに2050年に向かって世界で解決しなければならないカーボンニュートラルの社会課題に、シドニーでの体験を通じて共鳴し、自らのリスキリングを進めた。

社会課題をテーマとしたリスキリングについては、実際に今回挙げたケースのような体験が有効である。個人として、もし何らかのテーマ（地域モビリティ、後継者問題、AI教育など）にぼんやりと関心を持っている場合は、実際に体験しに行くことをお勧めしたい。

体験が難しければ、そのようなコミュニティ活動を見たり、関連するメディアを閲覧する方法でもよいだろう。

翻って、会社としては、そのような体験を提供するようなプログラムも有効になる。

これに加え、自らが新たな環境にフィットできるかを、副業を通じて検証した。これは会社にとっても個人にとっても、互いにミスマッチがないかを検証するための良い仕組みである。会社としては「体験」を「副業」を通じて提供するという方法も有用だ。

04 | 中間管理職 遠藤

（42歳 男性）

　42歳の男性、遠藤は、大手のIT企業の営業課長として働いている。彼には40歳の妻と8歳の娘、5歳の息子がいる。第二子は不妊治療の末に授かった待望の息子だったが、軽度の障がいを抱えており、家族のケアが欠かせない。

　遠藤が初めてパソコンに触れたのは中学生の時で親が買ってきたデスクトップ型。OSはインターネット接続が標準装備されたWindows95だった。ダイヤルアップ回線でネットサーフィンやチャットをやり過ぎて親に怒られたこともある。プログラミングまではしないものの自身でホームページを作ったり、IT知識には自信があった。

　ユビキタス社会の実現をビジョンに掲げるIT企業に意気揚々と就職したが、配属された現場のミドル・シニアの従業員がタッチタイピングすらできないことに軽蔑感すら覚えていた。

　管理職である課長に昇格したのは3年前の39歳の時だったが、直後に新型コロナウイルス感染症のパンデミックに見舞われ、在宅勤務を余儀なくされた。オフラインコミュニケーション重視の営業畑を歩んできた遠藤

にとって、在宅勤務はストレスフルだったが、家族がいつも近くにいることもあり、以前に比べて長男のケアがしやすくなったことは前向きに捉えていた。ただ、部下や同僚の「顔」が見えない中でのコミュニケーションやマネジメントには不安を覚えていた。

　特にもどかしく感じているのは、在宅勤務後次々に親会社が「DX」と称して導入してくるITツールをうまく使いこなせていない点だ。

　もともとITリテラシーには自信があったし、会社が開発した新しいパッケージを売り込むことにも問題はない。SEにはかなわないものの、テクノロジートレンドに関してクライアントとの会話もできる。

　ただ、スマホアプリも仕事で使うツールも、新しいものを入れるより以前から使っている慣れたものから離れられない。使い慣れたツールが使えなくなったり、UIが変わったりすることはかなりのストレスだ。

　在宅勤務でアプリやツールの利用方法を同僚にさっと聞くこともできず、ITサポートに問い合わせるのも億劫だ。スケジューラーからZoomに入る方法がわからなくなって、出勤した際、部下から手ほどきを受けた時、自分が若手の時、馬鹿にしていたタッチタイピングができないミドル・シニア従業員のことを思い出した。

　家路につく電車の中で隣に座った若い会社員の二人組が、「仕事が遅れている理由を言い訳するメール文案を生成AIに作らせた」という話をしている。在宅勤務中には部下に報連相を怠らないよう厳命し、始業と終業時には必ず仕事の進捗をメールやチャットで報告させていたが、ふと自分が受け取ったメッセージはAIが作っていて、それに自分が無邪気にレスポンスをしているのではないかと思いを巡らせた時、えも言われぬ恐怖に駆られた。アレクサに計算問題の答えを聞いている娘を横目で見ながら、「自分は何を学ぶべきなのか」と考え始める。

子どもを公園で遊ばせた帰りに「絵本を買ってあげるから」といって駅前の本屋に立ち寄った。なじみのある情報処理技術者試験の対策本の横にG検定やAnalyticsの本が並んでいる。

　何から手をつけるべきか途方に暮れる中、息子がぐずり出したので慌てて帰路につく。そう言えば子どもが生まれてから本を読んだり勉強したりする時間をほとんど持てていない。息子が生まれてからはほぼ皆無だ。

　何を勉強するのかが定まったとして、勉強する時間がどこにあるのか。明日も朝からオンライン会議がテレビの番組表のようにスケジュールされている中、取り残されてしまうという焦りを感じる一方、何も始められない自分に絶望すら感じていた。

　それでも勉強は始めようと『○○のためのAI入門』や『○分で簡単にわかるいちばんやさしいDX』といった類の書籍を購入してみたが、やはり時間が取れない。もともと早朝は低血圧気味で頭が回らないし、コロナ明けで夜の付き合いが増え、酔った頭では勉強などできるはずもない。

　在宅勤務中は子どものちょっかいに気を取られ、妻は家事を寄せてくる。唯一の時間は通勤中の読書だが疲れて眠ってしまうことも多く、それでも時間を捻出して読んだ書籍はどこか絵空事で実感を持てない。

　「やはりAIだ」と思い定めてG検定を受けてみようかと思ったが、「人工知能の定義」から挫折した。『ゼロからのPython』のような本は既に埃をかぶっている。2年位前に読んだネットの記事に「営業はAIに代替されない」とあったことを思い出し、「大丈夫、大丈夫、営業をナメるなよ」と言い聞かせつつ、最近辞めることが多い若手社員の業務の巻き取りに追われていた。

　言い知れない不安に駆られながらも忙しい毎日を送っていた遠藤のスマホに、「パンデミックが明けたらパパ会をしよう」と年賀状でやり取りをしていた高校の同級生から連絡があった。

遠藤自身は文系の大学に進んだが、高校の友人は理系が多い。久しぶりに再会した4人で鍋をつつきながら、高校時代の馬鹿話や家庭の近況、中間管理職の悲哀など、他愛のない話をとりとめもなく続けていたが、転職を繰り返し、今ではコンサルティング会社に勤めている佐伯は特に忙しそうだ。忙しい中でどのように勉強しているのかを聞いたところ、「仕事の中で勉強している」というあっさりとした答えが返ってきた。

「新しいテクノロジーはすぐに仕事や日常の中に取り入れるし、わからないことはとにかく人に聞く。特に新しいテクノロジーは若手のほうが詳しいからいろいろ教えてもらっているよ。仕事も家庭もめちゃくちゃ忙しいから体系的に学んでいる時間なんてないし…。ていうかなんでそんなこと聞くの」

　遠藤は3杯目のロックの焼酎を飲みながら、営業である自分の仕事に対する危機感はそこまでないものの、テクノロジーの進歩についていけずに何となく不安というようなことを話した。すると佐伯は、

「お前、文系だったけど、ネットとかIT詳しかったじゃん。あの頃、体系的になんて勉強してなかったでしょ。楽しそうなこと、便利そうなことをやりながら身に付けていたんじゃないの。勉強なんて感覚なかったと思うけどね。それより営業はAIに代替されないって話。これは最近確かにそうだよなーと思うんだよね。いわゆる御用聞き営業とか、自社パッケージ売っているだけの殿様営業はテクノロジーに淘汰されるけど、クライアントとのコミュニケーションを通じてニーズを引き出す力だったり、ニーズを開発サイドに伝えて一緒に商品開発をする力だったり、ステークホルダーをマネジメントしていく力だったり、そういったヒューマン系のソフトスキルの要素は、テクノロジーが進めば進むほどむしろ本当に貴重な価値になっていく。もちろんテクノロジーを使ってその価値を最大化していくこともできる。むしろそういったソフトスキルをどうやって身に付ければいいのか、遠藤から学びたいと思っていたところだよ」

あの後、酔った勢いで何をしゃべったのか遠藤はあまり思い出せなかったが、勉強は日常の中でもできること、テクノロジーが進むほどにソフトスキルに価値が出るという佐伯の言葉は、二日酔いの頭にも残っていた。

　実践重視で、まずは仕事に生成AIを使ってみることにした。UIが優れており、直感的に使うことができるが思ったようなアウトプットを得られない。そこでテクノロジーに明るそうな入社2年目の若手の部下に話しかけてみると、「プロンプトのやり方をちょっと変えてみるといいんですよ」と妙にうれしそうに答え、いくつかプロンプト例を教えてくれた。

　プロンプトの仕方を変えるだけで反応がよくなったことが面白く、生成AIを使うことの心理的なハードルが下がった遠藤は、部下と会話をしながら生成AIの使いこなしにのめりこんでいった。

　課のTeamsに生成AIチャネルを立ち上げ、プロンプトの工夫といった使いこなし方法をシェアしながら部下とコミュニケーションを取ることで、仕事の効率が生成AIを通じて劇的に改善しただけでなく、課内のコミュニケーションがフラットで活発なものとなった。

　テクノロジーを実践の場で使い始めると、これまでなかなか頭に入ってこなかった書籍の内容も「そういうことだったのか」と理解できるようになった。

　テクノロジーによって仕事は効率化されても、その分、新たな仕事が舞い込んでくるので、まとまった勉強時間を捻出できるようになったわけではないが、ユーザーサイドに近いツールの使いこなしが容易になり、データ起点でクライアントに提案をできるようになったことが評価されるようになった。DXがリアルで身近なものに感じられるようになったのだ。

　テクノロジーが味方になりつつあると感じる中で、佐伯が言っていた「ソフトスキルの価値」を改めて営業課長としての自分に問うた時、遠藤は、自分自身のソフトスキルの未熟さを痛感する一方で、足りないソフト

スキルをテクノロジーによって補うという意味もよく理解できた。

　クライアントへのプレゼンテーションのためのパワーポイントの作成は生成AIにある程度任せ、浮いた時間を部下とのミーティングに当てつつ、育成とモチベーション管理をデータアナリティクスを活用しながら行うことが、遠藤にとって当たり前になっていった。個別のコミュニケーション機会を増やし、データ起点で接し方を変えていく手法はクライアントリレーションにも目に見える効果をもたらした。

　遠藤は現在「伝説の営業課長」という名刺を用いてフリーランスで働いている。培ってきたはずのソフトスキルを十分に生かしきれていないミドル・シニア層を対象としたコーチング業を営み、自分のリスキリング体験をベースとしたコンサルテーションを行っている。
「AIに代替されないソフトスキルを身に付けたい」という人の思いは切実だ。ソフトスキルを学びたいと言った佐伯の言葉からリスキリングの旅が始まったことをふと思い出した遠藤は、「あいつ、巧いなぁ」とつぶやいて苦笑いをかみ殺した。

解説

　遠藤はプログラミングやデータサイエンス手法といったハードスキルを学ぶのではなく、自分自身がこれまでのキャリアで磨いてきたソフトスキルを今のテクノロジートレンドにアジャストさせる学び直しを行うことで、活躍し続ける道を選択した。

　遠藤のようなプレイングマネジャーとして活躍する30代〜40代の層は、中間管理職として仕事に忙殺されてしまう一方、家庭では子育てに時間も割かなければならないため、リスキリングに時間を割くことができない場合も多いだろう。

遠藤は仕事や子育ての中、積極的に新しいテクノロジーを取り入れることで、実践を通じたユーザーサイドの学びにフォーカスした。

　学びを通じて遠藤が気づいたことは、自分自身が最新テクノロジーを使いこなす専門家になる必要は必ずしもないこと、むしろテクノロジーを活用して自分のソフトスキルを最大限発揮することが価値につながるということだった。

　遠藤の場合もはじめは心理的抵抗があったが、リバースメンタリング（若手社員がメンターになって、メンティーである先輩社員に助言を行う）を通じて、部下とのコミュニケーションもスムーズになった。

　資格取得には座学が向いているだろうが、現場で求められるのは常に実践力だ。職場でも家庭でも、実践を通じた学びを得る機会を自ら作り出すことは可能だ。

　世間で話題のアプリやテクノロジーを食わず嫌いしないで、まずは自分の日常の中に取り込むところから始めてみることが、リスキリングの旅の第一歩となる。

05 | 30歳夫婦 水島家

「おはよう、美和。今日も頑張ろうね」

「おはよう、健一。今日も一日よろしくね」

　この日も水島美和は広告企業の営業として、水島健一はIT企業のエンジニアとして、それぞれの仕事場へと向かった。

　二人は27歳の時に出会い、共通の友人の結婚式で隣同士に座ることになった。その日から、何か特別なものを感じ、1年の交際を経て結婚した。

　結婚後も、二人はそれぞれの仕事に打ち込みながら、仕事後の夕食以降は一緒に過ごす時間を大切にしていた。健一も美和も、お互いに仕事も育児・家事も全力で打ち込むという共通の価値観を大事にし、出産・育児も公平に互いに助け合うような家庭環境を思い描いていた。

「健一、最近話していた例の開発プロジェクト、忙しそう？」

「うーん、なかなかクライアントとの要件が詰まらなくて、既に難航しているよ。かなり忙しくなりそうな予感。美和は？」

「今度、クライアント向けのコンペ提案があって、プレゼンテーションの

準備で私も忙しくなりそうかも」

　そんなある日、美和が健一に大きなニュースを伝えた。

「健一、実は妊娠したの」

「本当に？　それは素晴らしい！」

　二人は喜びで抱き合った。そして、美和が安定期に入ると、さらに大きな決断を下すことになった。

「健一、実は少し仕事のことで考えていることがあって、今のままずっと営業って、体力的にも気力的にも結構きついと感じているんだ。それに、自分のスキルアップや、もっといろんなところで働けるようになりたいとも思ってる」

「なるほど、そうだよね。営業だと出張や外出も多いし、育児しながらと考えると、僕でも難しいと思っちゃうかも」

「そう。それで、実は学生時代から少しゼミとかでも研究してたんだけど、マーケティング関連の仕事をやってみたいなと思って。資格でも取ってみようかなと思ってる」

「いいね！ 応援するよ！ でも、僕がいるITの世界でもそうなんだけど、資格って割と実務に活かしにくいって言われると思うんだけど、そこは大丈夫かな？」

「うん、私も少しネットで調べたけど、資格を取ったからといってすぐに活躍するのは難しいみたい。でも、マーケティングの経験がほとんどない私にとっては異動を希望する1つの材料になるし、何よりマーケティングという分野を体系的に学んでみたいなって思って」

「そうか。実は僕も会社で男性育休取得を強く奨励されていて、もし子どもができたら育休を取得したいなと思ってたんだ」

　そこから、「出産・育児」と「リスキリング」の二刀流に、夫婦での挑戦が始まった。

　健一は、自らのITエンジニアとしての知見を高めるため、応用情報技術

者試験の資格取得を目指すことにした。応用情報技術者は管理職への登用要件にもなっていたからだ。

　美和はマーケティングを広く、体系的に知識取得できそうなマーケティング実務検定の資格取得を目標にした。

　2人はまず、産休・育休中のリスキリングや資格取得のため、同じような取り組みをしているケースやコミュニティをネットで調べてみた。

「うーん」

「どうしたの？」

「うん、特に子どもが生まれた後って、育児でほとんど時間が取れないって言っている人が多いみたいだ」

「それはそうでしょ。私は産後、体力回復もしないといけないし…、というか、そのあたりから健一には勉強してもらわないとだめだね」

「…ごめん、ちょっと認識が甘かった」

「ううん、健一が育休取ると言ってくれて嬉しかった！　私も初めての出産だし、私の認識も甘いところがたくさんあると思うから、一緒に学んでいこう！」

　健一は「何となく育休をとれば、資格取得の学習時間が加わったとしても、今より楽になるだろう」くらいの甘い認識でいた。けれども、その認識は美和の認識とずれており、大いに反省したのだった。

　応用情報技術者試験は、実務経験者であれば一般的に200〜300時間の学習が必要と言われる。男性育休の場合、出産後1年間なので、1日1時間勉強すれば取得可能な計算だ。

　マーケティング実務検定については3段階の資格に分かれ、すべて取得しようとするとトータル200時間、一番容易な資格だけでも50〜60時間程度の学習時間が要るようだ。

　美和は、すべて取得するかは実際の育児をしながら考えるとして、まずは半年で一番容易な資格取得を目指すことにした。

次に、どの程度の学習時間を果たして捻出できるかだ。仮に男性が育休を取得しない家庭の女性が産後・育休中に数時間の学習時間を取るのは、コミュニティやSNSの投稿を見るとかなり難しいらしい。

　となれば、夫婦で育児・家事をうまく分担するだけでなく、効率的に実施するプランが必要だろう。こうして2人は、産前産後・育休期間中の育児・家事・学習プランを立てていった。

　ありがたいことに、世の中には先人がおり、ネットやコミュニティ参加を通じて事例や知見を蓄えられる。家事・育児分担のアプリやツールも活用していった。

「なんだか仕事で学んだ知見が生きてくる気がするよ。家事の業務効率化、タスクの分担・スケジューリング。普段僕が仕事でやってることと同じだ」

「私たちにとっては家庭の一大プロジェクトだからね。使える知識は何でも使わないと」

　そして水島家の「出産育児＆リスキリング　二刀流プロジェクト」が、スタートした。

　産前6週間、美和は母子手帳の受取や各種給付金などの出産手続き、ベビー用品の準備、入院準備と並行して、1日3～4時間、資格の勉強に励んだ。従前の予想どおり、ある程度まとまった時間が確保でき、子どもがいると行きにくくなるような、ちょっといいレストランに夫と出かけたり、充実した日々を過ごした。

　たまたま出産予定日前にWeb試験日程もあり、まずはマーケティング・ビジネス実務検定C級を受験できた。

「手ごたえどうだった？」

「うん、多分大丈夫だと思う。勉強したことが割とそのまま生きた感じ」

　その後、美和は無事出産し、元気な女の子が生まれた。

「うわー、赤ちゃんってこんなに泣くんだね」

「本当に。これは勉強どころじゃないね」

初めての育児で二人はその大変さに直面した。育児と学習の両立は、想像以上に難しかった。その後、1か月ほどが経ち、ようやく育児のコツをつかみ、新しい家事オペレーションや分担が板についてきた2人。

　マーケティング・ビジネス実務検定C級も無事に合格できていた。

「そろそろ勉強も再開できるかな？　昼と夜とでそれぞれ育児・家事を分担できれば、勉強時間も捻出できそうだね」

「うん、それに私、面白そうなコミュニティ見つけちゃった。そこでは、同じように育休中のママ・パパが、それぞれのリスキリング目標に向けて悩みを相談し合ったり、講師を招いてケーススタディをやったりする実践型のワークショップもあるんだって」

「へー、面白そう！　勉強だけだとちょっと飽きてきてたから、ちょうどいいかも。マーケティングだったり、ITに関するテーマもあるの？」

「あるみたいだよ。テーマごとに開催日程があるみたいだから、そこで申し込むみたい。あと、みんな子連れでくるんだって」

「それは安心だね！」

　リモート形式で開催されるワークショップは、美和と健一がまさに今座学として勉強している内容をアウトプットし、応用する場として非常に良い機会となった。加えて、通常会社では接しないようなメンバーとのディスカッション機会も得られ、視野が広がるだけでなく、同じ境遇という意味で共感しあえる仲間を作ることができた。座学も実践も、加えて仲間づくりという観点でも、2人のプロジェクトは順調に推移していった。

「やった、応用情報技術者試験、合格だ！」

「おめでとう、健一！」

　2人が相互に理解し、協力し合うことによって、この「出産育児＆リスキリング二刀流プロジェクト」は成功裏に終わった。

　美和は育休復帰後、会社のキャリアチャレンジ制度でマーケティング部門へ異動。今度は、育児をしながら業務を回すという新たなチャレンジ

に2人は立ち向かいながらも、育休中から培った相互理解によって、より強い絆で結ばれるのであった。

解 説

　産休・育休中のリスキリングは、特にその経験がない方からすると、何となく簡単にできそうと思ってしまいがちである。特に、産後においては女性の体力回復、体調面のケア、育児と、ある意味、仕事以上に心身ともに負担がかかる状況であり、学習との両立は容易ではない。

　昨今、政府により「男性育休取得率 2025年で50%」という目標が示され、官民がそれぞれ男性育休の取得促進に向けて取り組みを行っている。

　本稿執筆時点では、企業によって推進状況にまだまだばらつきがあるようだが、徐々に男性育休への理解や制度面での整備が進んでいくだろう。

　産休・育休中のリスキリングを実現するには、夫婦の協力、分担が不可欠である。そのため、夫婦で育休を取得して互いにリスキリングを図るというのは、このエピソードにあるように有効な手段だろう。

　一方、産休・育休は、特に復帰後もキャリアアップしたいと思う層にとってキャリアブランク、昇格の遅れ、やりたい仕事に就けなくなるといった不安が男女ともにある。リスキリングは、そのような不安を解消し、場合によっては従来就きたかった仕事への異動を叶える手段としても有効である。

　特に、近年は育休・産休を取りながら学習している層によるコミュニティが組成されていたり、そのコミュニティでケーススタディを実施するなど、同じ環境の方々が集って学習するような事例もある。

　単に資格取得に向かって学習するのみならず、実践的なグループワークを通じてアウトプットする機会を得ることも、復帰後の活躍という観点で非常に有用である。

06 | ミドル・シニア 吉川

（53歳 男性）

ストーリー

　　吉川は53歳。中堅製造業の人事課長をしている。新卒でこの会社に入ってから、本社人事、工場総務（人事労務含む）、本社総務、そして再度本社人事と一貫して、いわゆるコーポレート部門の道を歩んできた。

　　過去には、それほど大規模ではないが、プロジェクトマネジャーやプロジェクト領域担当者として、基幹人事制度の改定や、タレントマネジメントシステムの導入、給与計算業務の外部化を経験したこともある。現在は、人事企画・労務・給与計算など、幅広い人事領域でのマネジメントを行っている。

　　吉川は、妻と子との三人暮らし。住宅ローンはまだ返済期間が残ってはいるが、比較的若い時に購入したのと、これまでの超低金利の恩恵を受けて返済の目処は一応立っている状況である。

　　一人娘のゆずは昨年大学を卒業し、希望の企業に就職できた。ちょうどコロナ禍の真っただ中の学生生活であったため、ほとんどがリモート授業で「これじゃ、想像していたキラキラした大学生活が送れないよ！」と不満だらけだったが、入社後の新人研修や配属先での業務は対面が多く、

持ち前の明るさやコミュニケーション力もあってか、上司・先輩や同僚とも良好な関係を築けているようだ。

　そんな吉川は、ここ2、3年ほど、ずっともやもやした気持ちを抱えながら生活している。きっかけは50歳という年齢を迎えたことだった。

　普段は年齢を特に気にしない吉川であったが、40歳代の時に自分が企画した年代別のライフプラン研修をまさに自らが受けることになったのだ。

　研修内容に「過去の人生曲線を描いてみる」という事前課題があり、改めて自分の人生を振り返った時、これから自分のキャリアをどのようにしていくべきかのイメージが漠然としていることに気づいたのである。

　さすがにこの年齢になると、プランドハップンスタンス（「キャリアの8割は偶然の出来事で決まる」という理論）という考え方は実感として理解している。自分自身のキャリアを振り返ってみても、どれだけ綿密にキャリアの計画を立てていても必ずしもうまくいかず、むしろ偶然による縁によって自身のキャリアが形成されてきた印象が強い。

　だが、それにしても今後のキャリアについて大枠の方向性すらイメージできていないのは、「さすがにまずいな」と強く感じた。

「今後、この会社で働き続けるのか（その場合60歳で定年退職、その後、嘱託社員として65歳まで勤務）、あるいは別の道を歩むのか…。そもそも、今から別の道などありえるのか、今の仕事の延長線上で考えるか、それとも思いきって飛び地を考えるべきなのか…？」と、自宅で愛猫を撫でながら今後の方向性を考えて過ごす日々が続いていた。

　思い返せば、吉川は30歳の時に転職活動を経験した。大企業や中小企業も含めた事業会社、コンサルティングファーム、スタートアップなど、さまざまな種類の企業を見て回ったが、いろいろ迷ったうえで、今の会社に残る決断をした。

あの時は、本社人事が長く続いたことから、この会社での行く末が見えてしまった気がしたのと、当時、事業の行く末にも不安を感じたことが要因であった。

しかし、工場総務への異動によって、さまざまな環境が変わり、尊敬できる先輩や仲間も増え、地元の方との交流を通して、この会社が地域への貢献を大いに果たしていることが、彼の決断を後押ししたのであった。

一人で考えていても、ぐるぐる回るだけだったので、吉川は手始めに、同期入社の森に声をかけてみた。同期入社は数十名いたのだが、かなりの人数は転職をしている。森は、

「え？ 今後のキャリア？ 全然考えていないよ。というかこの年齢になって考えても無駄じゃない？ なんとかなるよ。それより来週末に家族でキャンプに行くんだけど、吉川も来ない？」といった反応。

吉川は森のコメントに若干のいらつきを感じたものの、森の言うことにも一理あると思った。振り返れば自分だって特段のことを考えているわけではないし、何かを準備しているわけでもない。客観的に見れば森と自分との間で大きな差はないと思った。

吉川はふと、以前、他社との勉強会で出会った先輩達のことを思い出した。それは「人材流動化研究会」と称し、イノベーションを生み出すために会社を超えた労働移動に関する事例研究や考察を行うことを目的としており、吉川は知人から誘われ、何度か参加していた。

そこで出会った先輩の中には、定年退職してから全く異なる業界の団体にチャレンジし、そこで自身のマネジメントスキルを活かして組織立ち上げや後進の育成にて成果を上げている方もいた。

自分では気づかなかったが、前職で養われてきた自身のスキルを活かすことができると、大変楽しそうに話されていた姿が印象的だった。

定年退職を機に大学の研究機関で企業とのコラボレーションを推進している先輩とお会いした際には、「いろいろ学ばなければならないことが多くて苦労しているよ」と言いながらも、充実した人生を歩まれていることが感じられた。

　吉川は、改めて思った。
「人生100年時代と言うが、実際に日本人男性の平均寿命は約81歳。そのうち、満足に動けるのはせいぜい70歳くらいまでだろう。自分はそれほど身体が強いわけではないので、もしかしたら65歳くらいまでかもしれない。そうするとあと12年しかない。これまでの社会人経験は約30年だったので、その半分以下か…。せっかくこれまで周囲からいろいろサポートしてもらって仕事をすることができたので、何か恩返しができないか。12年の間に自分が周囲の人達や社会に貢献できることはなんだろうか？」

　吉川は、「まず自分が今後の人生でやるべきことを考えよう」と思った。「それが現在の会社で実現できることであれば残る」という判断をすれば残ればいいし、転職をしたほうが実現しやすいのであればそうすればいい。
　もしかしたら起業という選択肢もあるのではないか。幸い、妻も今の仕事を変えることについては、大きな反対をしないような様子である。ただし、住む場所を大幅に変えることには反対しそうな雰囲気はある。

　その後、吉川は、「自分が今後どのような領域で貢献できるのだろうか」という気持ちを持って、インターネットで情報収集したり、人事部だけでなく事業部の同僚との会話から、世の中の動向を把握するように努めるようになる。妻や娘にもそれとなく最近、世の中で話題になっているトピックを聞いたり、これを機に、気になっていた生成AIにも質問をして調べてみたりした。

もともと何か気になったり欲しいものがあると、いろいろな情報ソースから調べてロングリスト化し、メリット/デメリットを考察するのが好きな吉川であった。

　「そう言えば、はるか昔、結婚式場を探す時にも、必要に迫られてこんなことをやっていたなぁ、ただ、あの頃は完全に紙とペンのみだったから、だいぶ効率的に情報収集と整理ができるようになったよな…」と思いつつ、楽しみながら一連の作業を進めていった。

　面白いもので、自分がアンテナを立てておくと、今まではスルーしていた何気ない会話の中からでも、自分の関心がある情報が引っかかるようになってくるのがわかった。人間の目や耳は自分の関心がある情報を選択的に掴むことができるというのを聞いたことがあるが（調べたら選択的聴覚というらしい）、まさにそのような現象を体感することができた。

　吉川がいろいろ調べたり考えたりした結果、キーワードとして挙げたのは、「グリーントランスフォーメーション（GX）」「宇宙産業」「介護ロボット」だった。

　どれも今後の日本において社会課題を解決するために必要な産業ということと、今後、個別企業だけでなく、産業全体として大きくなっていくことが想定されたため、自分も成長産業に身を置いてチャレンジしてみたいという気持ちが徐々に強くなった。

　さすがに「GX」や「宇宙産業」というくくりは大きすぎるように感じたが、あまり絞り込みすぎると興味深いビジネスやジョブに巡り合える確率も減るかもしれないと考え、一旦はこの程度のくくりで考えることとした。

　こうして調べていくと、実は自社でもGXへの取り組みを考えており、事業部だけでなく工場においても、他産業との連携による新しいビジネス創出を模索していることもわかってきた。

　成長産業においては、スタートアップのみならず、企業同士のJV（ジョ

イント・ベンチャー：共同企業体）や、産官連携のプロジェクト・団体の立ち上げが多い一方で、人材確保に苦労している企業・組織が多いように思われた。

　吉川は、「そうした企業・組織では、人材の採用・育成とタレントマネジメントを担うことのできる管理職が必要なのではないか。もしかしたら、そこで、自分自身がこれまで関わってきた幅広い人事経験・マネジメント経験を活かしてもらえることができるのではないか」と思った。

　組織の立ち上げ段階や小規模な状況の場合、人事領域のみの求人ではなく、総務領域も含めた領域を求められるかもしれないが、工場総務領域も一通り経験しているため、ある程度は対応できるとも考えた。

　一方、「今の自分のスキルやマインドで、新しい仕事や環境に本当に対応できるだろうか」という不安もあった。吉川が想定したどの産業においても、それぞれの産業における知見に加えて、デジタルやデータの知見が必要になっているように思われたが、自分自身、DXリテラシーはそれほど高くないと感じている。

　データの利活用においても、人事課の業務改善で検討しようと掛け声は上げているが、まだまだこれからという状態だし、何より自分自身がデータ分析の基本を習得しておかないと企画やマネジメントもできないだろう。

　吉川は、会社が最近スタートさせたDXトレーニングに参加してみることにした。このトレーニングは、e-learningによるインプットだけでなく、より高いレベルを目指せるようにワークショップや実践型のプロジェクト参画の道も開けている。正直、自社のDXトレーニングを受けることに若干のうしろめたさはあったが、「現時点では自社にもGXの可能性があることがわかっていることから、必ずしも転職すると決めたわけではない。自身がどのような選択をするにしても、その選択をしやすくする機会を積極

的に模索するのは悪いことではないから、まずはやってみよう」と自分に言い聞かせてトレーニングの申し込みを行う吉川であった。

　ミドル・シニアの年齢層についてはさまざまな定義があるが、本書では45歳から65歳を想定している。

　一般的に、ミドル・シニアのリスキリングは難しいと言われている。その理由はさまざまあると思われるが、良くも悪くも多くの経験を積み重ねてきていることが大きいのではないかと考える。

　過去に成功した経験、うまく行かなかったが違うやり方で挽回した経験、うまくいかないままで自分はそれに向いていないのだと自分を納得させた経験、動かなかったことでかえってトラブルを回避できた経験など、私たちの仕事は、日々、社会人として積み重ねてきたさまざまな経験を踏まえた一定のルールに基づいている。

　だからこそ毎日が新しく、効率の悪いやり方ではなく、一定の効率性をもって仕事ができているのである。もし、仕事がゲームだとしたら、そのルールをいろいろな角度で検証し、一番うまく行くやり方を選択してきているのだと思う。

　皆さんの中には、変化が激しいビジネス環境の中、自らゲームのルールが変わってきたことに危機感を覚え、新しいルールの理解と、そこで活躍するギャップを埋めるスキルの習得を自覚的に行っている方もいらっしゃると思う。

　しかし、このケースに登場する吉川は、そこまで自覚的ではなく、今の会社のゲームのルールを理解し、その中で活躍するために努力してきた人間である。

彼の場合は、外部の刺激からではなく、内省的な気づきから変化していった。きっかけは50歳という年齢であったが、そこから、自身の今後のキャリアに関する、えも言われぬ不安を感じる一方、自分とは異なるゲームのルールで活躍していた先輩の姿を思い返しながら、「意外と自分が活躍できる時間は長くない」というふうに連鎖的に気づく中で、「とにかくやってみよう」という考えに至ったのである。

　吉川の場合、今できる仕事から考えるのではなく、これまでの人生を振り返り、周囲への感謝とともに、「自分が周囲の人達や社会に貢献できるところは何か」という考えからスタートしている。

　人によって起点はさまざまでよいと思うが、一度大きく振り返ってみることは重要だと思う。

　私たちは、今の仕事、職場、企業で精一杯努力してきた。ただ、今の環境が自分にとって最適なのかということについて、確信を持って答えられる方はどれだけいるだろうか？

　もちろん、お金、時間、家族など、人によって制約はあると思われるが、一旦、それらをすべて置いてみて、目線を少し高くして考えてみると、多様な可能性が見えてくる。そのうえで、今の環境が最適だと判断すれば、そこで全力投球すればよいと考える。

第 3 章

リスキリングの実践

本章では、個人がそれぞれリスキリングを実践していくにあたり、どのような壁や制約があり、それらをどう乗り越えていくべきかについて整理したい。第1章に記載したとおり、**リスキリングとは、企業が自社の事業・業務変革に必要な人材像、およびスキルを設定・提示し、個人（従業員あるいは候補となる人）がそれらを身に付けること、さらに、それによって社内にて新たなジョブに就く、あるいは社外へ労働移動を行い、望むらくはそこでパフォーマンスを上げること**を指す。

　個人の視点で言い換えると、自身が数か月〜数年先に就く仕事を特定し、そこで求められるスキルを理解し、学習や経験を通じて習得し、実際にその仕事を担うことがリスキリングということになる。

　第2章のリスキリングストーリーにあるように、実際のリスキリング実践にあたっては、きっかけとなる出来事や、心理的な壁も含めたいくつかの障害を突破する「リスキリングジャーニー」が存在する。（図3-1）

図3-1　私たちが提唱する「リスキリングジャーニー」（図1-32 再掲）

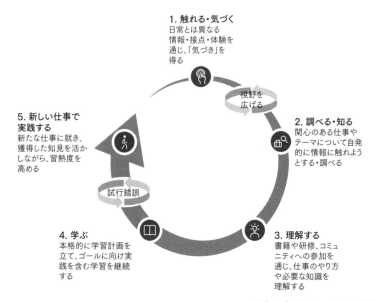

出典：デロイト トーマツ コンサルティング

01 | リスキリングのステップ

1. 触れる・気づく

まず第一のステップは、今、担当している仕事以外の職務やテーマに対して、第2章の西川（→99ページ）や佐藤（→105ページ）、加藤（→112ページ）のように、外部協力者との協働、普段見聞きしているメディア、旅行先の体験、社内イベントなどを通じて気づきを得る段階だ。

このステップは、日常的・意識的にアンテナを広げて各種の情報収集をするほうが、こうした機会を得るケースもあれば（自らの意思でなかったとしても）、偶然の出会いや、たまたま目にすること・耳にすることを通じて関心を持ち、「気づき」を得るケースもある。接点の持ち方はさまざまで、概ね、触れる情報の深さの浅い順から言うと、次のケースが想定される。

- SNS、Web広告、リアル広告などの各種メディアを通じて触れるケース（例：求人、他組織・企業の活動、友人・知人の活動、インフルエンサーが話すコンテンツなど）

- コミュニティやイベントへの参加を通じて触れるケース（例：他社の活動共有、育休など共通の属性や課題・テーマを持った人によるディスカッション機会など）

- 上司・同僚・部下・友人との会話・協働を通じて触れるケース（例：他部門の活動、他社での活動など）

- 外部協力者との協働を通じて触れるケース（例：他社との協働プロジェクト、コンサルなどの外部協力者との協働プロジェクトなど）

- 異動や外部組織での業務経験を通じて触れるケース（例：副業、兼業、出向など）

加えて、自身のこれまでの仕事のやり方、仕事ぶりを評価する尺度、仕事そのもののあり方を否定されたり、変えることを要求されるケースにおいても、「気づき」につながることがある。例えば、「DXの進展から業務効率化・生産性向上を目的とした顧客データを活用する営業への移行」「すべて個人の営業活動に任せた働き方からインサイドセールス（内勤営業）と連携して顧客獲得を命じられた時」など、これまでのやり方から変更するような指示・命令を受けることがあるだろう。

　その際、「うまくいくはずがない」「自分には関係ない、やりたい人がやればよい」という感情は、多くの方が経験したことがあるはずだ。この現象は、学術的に「**コンピテンシートラップ**」として説明される。もともと、経営学の用語（企業が既存事業や成功体験に捉われ、新たな可能性を考慮外にすること）であり、「過去の習慣や価値観、スキルなどが継続的に将来の成功と、より良い判断につながるという誤った信念を持つこと」を言う。

参考：Levitt, B., & March, J. G.（1988）. Organizational learning. Annual Review of Sociology.

　個人の視点では、「過去の成功体験や体験知に固執し、自分の得意なやり方に逃げてしまう、これまで身に付けてきた経験や知識の放棄に対して心理的抵抗感を持つこと」が考えられる。

　そのほか、「これまで長年継続してきた仕事のやり方」の変更を伴う形で、新たな仕事のやり方やテーマに「触れる」機会の例として、次のようなものがある。

- 研究・開発：先行研究や経験を頼りにした素材開発から、AIや統計解析を活用した素材開発へのシフト
- 生産：経験と勘を頼りにした保全業務から、AIや統計解析を活用した予知保全へのシフト

- 営業：対面営業一本からインサイドセールス（内勤営業）との分担・連携、足で稼ぐ営業から、科学的に顧客データを活用した顧客アプローチへの改革
- コーポレート：人事・総務・経理業務における基幹システム刷新・導入による仕事や役割（ロール）の変更

　このように、変更を指示されたり無理やりにでも実行しなければならない局面では、腹落ちできず、ネガティブな感情で進めていくこともあるだろう。そうした中、手探りで取り組んでいくものの、なかなか手ごたえが得られず、途中で諦め挫折してしまうことは、業種業界問わずよくある。

　一方、継続的に取り組んでいくうち、ふと「こういうことか」と気づく瞬間が訪れる。「新しいやり方で成果が出た」「うまく進められた」という（小さな）成功体験が腹落ちや気づきにつながる。自身では腹落ちしていない状態でも、まずは継続してみることが肝要なのである。（図3-2）

　挫折を乗り越えるため、いかにモチベーションを維持していくかは、「学習のモチベーションを継続できない」（→176ページ）にて後述する。

図3-2　気づきを得るアプローチ

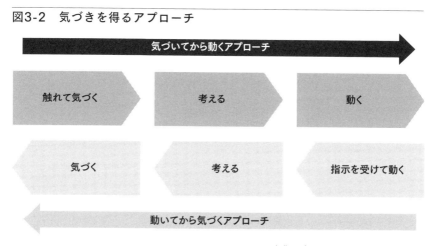

出典：デロイト トーマツ コンサルティング

2．調べる・知る

　読者の皆さんは、何か関心を持ったら「ちょっと検索してみる」「もう少し話を聞いてみる」といったアクションを無意識にされる方が多いのではないだろうか。今の時代、検索によってAIが関連情報を自動表示してくれるため、過去に比べて「調べる」という行為も、さほど障壁にならなくなった。

　調べていると、さらなる派生的なテーマやキーワードに出くわし、さらに視野やスコープを広げて調べたり、逆に、あまりにも自身の経験から乖離があって関心を失ってしまうこともあるだろう。

　このステップで重要なのは、「自発的に何らかのテーマで調べる」といった行為が、自身の記憶や、自身のPC・スマホで検索した記録として残り、「1.触れる」範囲が広がるということである。

　第2章の佐藤（→105ページ）は、スマホラジオ上の有名なインフルエンサーの話が自身の関心を深めるきっかけとなった。また、水島夫婦（→126ページ）は社外のコミュニティを通じて、育休リスキリングの全体像を「知る」ことができた。

　このように、「1.触れる」「2.調べる・知る」というサイクルの繰り返しによって自身の関心が深まり、次の「3.理解する」ステップに移行できるテーマや領域に出会える確率も高まっていく。

3．理解する

　特定のテーマや領域について「もっと全体感を知りたい」という思いが芽生えると、例えば、書籍を通じて体系的に理解しようとする行為や、動画サイトでの関連動画の閲覧、さらに関心が深まると社内外の公開講座に参加するといった行為に至る。

このステップに至ると、人の知的欲求は加速するものの、同時にさまざまな難しさを実感することになる。

第2章の遠藤（→119ページ）は、AIやDXに関する書籍の購入に至るも、難しさ、時間のなさから途中で諦めてしまう。これまで接する機会が少ない領域の情報や、その量に圧倒されることもよくあるシーンだ。

詳しくは「リスキリングのチェックポイント」（→148ページ）で述べるが、この「3. 理解する」から「4. 学ぶ」のステップへいかに移行させられるかが、リスキリングの成否を分けるカギとなる。

4．学ぶ

リスキリングする領域の全体像を把握し、「もっと学びたい」というさらなる知的欲求や、習得による自身のキャリアへの有用性が、一定の時間やお金を投下するのに見合うと思える時、人は「学ぶ」ステップに至る。

インターネットや各種書籍、公開講座などを通じ、リスキリングに必要な知識・スキルを特定し、これらを習得するための学習内容・時間を把握する。学習手段についても、最も効率的・効果的な方法を、同じようなリスキリング実践者・先人のブログや書籍から学ぶ。

リスキリングのゴールをいつ達成するのか、そこから逆算してどのように学習していくのかについて計画を策定していく本過程は、ある意味、一番モチベーションが高い時期かもしれない。「テスト勉強の計画を立てている時が一番楽しい」というのはよくある話だ。

一方、資格取得であれば計画は立てやすいが、実践経験を積む機会が必要な場合、どのように機会を獲得すればいいのか、そもそも実践経験が必要なのかがわからない場合もある。

計画を立てる段階で「現実」が見えてしまい、諦めるようなことにならない工夫も求められる。

5．新しい仕事で実践する

　新たな仕事に就き、実際に業務を遂行するステップだ。実際のところ、新しい仕事を実践しながら学ぶことが最も効率的だと考えられる。

　実践の中で上司や同僚、コーチからフィードバックを受け、必要に応じて学び直す（改めて研修受講や資格取得を行う）など、「4.　学ぶ」ステップと「5.　新しい仕事で実践する」ステップは行きつ戻りつ、試行錯誤しながら必要な知識・スキルの習熟度を高めていく。

　第2章・西川のストーリー（→99ページ）では、学習や知識習得の前に新たな仕事での実践機会を得られ、自身の能力とのギャップが体験をもって明らかになった。実際のところ、新たな仕事で求められる知識・スキルと研修や資格取得で得られる知識・スキルには過不足があることが多い。最も効率的にリスキリングする方法は、先にその仕事を体験し、必要な知識・スキルの不足について身をもって体感することである。そのほうが学び直しのモチベーションも保ちやすい。

リスキリングのチェックポイント（壁の乗り越え方）

　ここまで示したリスキリングジャーニーについて、「1.　触れる・気づく」のステップから順調に「5.　新しい仕事で実践する」ステップに到達する方もいれば、途中で止まってしまう方もいるだろう。むしろ、後者のほうが多いかもしれない。

　途中で止まらぬよう、着実にチェックポイントを経由しながら（壁を乗り越えながら）、このジャーニーを歩む工夫やポイントについて示していきたい。

　図3-3において、それぞれのステップ間の課題を、関連する統計データとともに示している。

図3-3　リスキリングジャーニーのチェックポイント

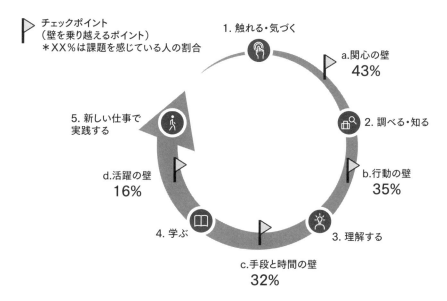

リスキリングに関する、あなたの状況やお気持ちについて、あてはまるものをすべて選択してください（複数回答）

a. 関心の壁：「あてはまるものは1つもない」を回答。

b. 行動の壁：「自分の今後のキャリアに必要なスキルがわからない」「学んでも今後のキャリアにどう活かせるのかがわからない」「リスキリングしなくても、今後の生活や収入に影響がない」「リスキリングしなくても、勤務先での自分の評価に影響がない」のいずれかを回答。

c. 手段と時間の壁：「自分に合った学習内容・方法（教材、講座など）がわからない」「勤務先では必要な知識・スキルを身に付けるためのトレーニングを受ける機会がない」「日々の中で学ぶ時間がない」のいずれかを回答。

d. 活躍の壁：「リスキリングしても、現在の業務で活かす機会がない」「学んでもそれを活かせる業務・職種に就ける機会がない」のいずれかを回答。

出典：デロイト トーマツ コンサルティング「デジタル人材育成に関する実態調査2023 個人調査（N=6,387）」2023年

　それぞれの壁は、個人差や組織差はあれども、特にリスキリングを進める上で直面する課題が集約されている。具体的には、次ページ図3-4のような課題が上がりやすい。

図3-4　リスキリング上の課題

関心の壁	■ そもそもリスキリングに無関心
行動の壁	■ 自分の今後のキャリアに必要なスキルがわからない ■ 学んでも今後のキャリアにどう活かせるのかがわからない ■ リスキリングしなくても、今後の生活や収入に影響がない ■ 勤務先での自分の評価に影響がない
手段と時間の壁	■ 自分に合った学習内容・方法(教材、講座など)がわからない ■ 必要な知識・スキルを身につけるためのトレーニングを受ける機会がない ■ 日々の中で学ぶ時間がない ■ 学習するモチベーションが継続できない
活躍の壁	■ リスキリングしても、現在の業務で活かす機会がない ■ 学んでもそれを活かせる業務・職種に就ける機会がない

出典：デロイト トーマツ コンサルティング

a．関心の壁

　ある意味、最大の壁とも言えるのが「関心の壁」である。筆者の解釈も含まれるが、43%もの方がリスキリングに対して「関心がない」という可能性がある。

　私たちが実施した「デジタル人材育成に関する実態調査2023 個人調査（N=6,387）」では、デジタルに限らず、リスキリングに対する意識や関心について聞いたアンケートの選択肢（複数回答）には、

「リスキリングしなくても、勤務先での自分の評価に影響がない」
「リスキリングしなくても、今後の生活や収入に影響がない」

「学んでも今後のキャリアにどう活かせるのかがわからない」

「自分に合った学習内容・方法（教材、講座など）がわからない」

など、計19個あり、何らかの関心や課題感があれば1つや2つの設問に
Yesと回答しそうであるが、43%の方々が「あてはまるものは1つもない」
と回答している。本当に全く課題がない可能性ももちろんあるが、関心を
持てない層が一定程度いることを示唆している。

　では、関心を持つ、持たせるには、何がポイントになるのか。好奇心に
関する論考を紐解いてみることにする。

――私たちはある事柄について知れば知るほど、知らない領域について強い好奇心を
抱くようになる。ダニエル・バーラインは被験者に動物に関する質問を投げかけ、そ
れぞれの質問について、どのくらい答えを知りたいか聞いた。その結果、もっとも関
心が高いのはもともと知識のある動物だった。ローウェンスタインもまた、示唆に富む
実験結果を示している。被験者はアメリカの州のうち三つの州都を知っていると、自
分には知識があると考える傾向が見られるという。（中略）ところが、四七の州都を
知っている場合、三つの州都を知らないと考える。そして残りの三つを知りたいと思
い、実際に知る努力をすることになる。好奇心は知識に連動して高まる性質があるよ
うだ。――（傍点は原著ママ）

出典：イアン・レズリー (著), 須川綾子 (訳)
『子どもは40000回質問する あなたの人生を創る「好奇心」の驚くべき力』光文社 (2016年)

　この実験から示唆されるように、関心を持つ、好奇心を持つには、「知
る」ことが重要だ。それは目的がリスキリングでなくとも、世の中の情勢
や、社会的な出来事、技術の進展を、日々目にする、耳にするような習慣
を作っておくことが重要であろう。「知る」ためのチャネル（手段）として、
いくつかご紹介しよう。

- ビジネス系ユーザーも利用しているSNS：LinkedIn、Eight、Facebook、X（旧Twitter）など

- インフルエンサー系音声コンテンツ：Podcast、Voicyなど

- 経済メディア：NewsPicks、日経ビジネス、日経クロステック、東洋経済オンライン、ダイヤモンド・オンラインなど

- 書籍まとめサイト：flyerなど

- インフルエンサー系動画コンテンツ：YouTubeなど

- 仕事情報サイト（社内公募含む）

最もユーザー数が多く、なじみ深いという意味では、FacebookやX（旧Twitter）といったビジネス系ユーザーも利用しているSNSは、知識を得る手段として手っ取り早いだろう。ビジネス関連での著名なユーザーを登録しておけば、発信される内容が多数入ってくる。普段何気なくSNSを利用する際に、半自動的にトレンドとなっているトピックやテーマを目にすることができる。

筆者もおすすめなのが、PodcastやVoicyといった、ビジネス系の著名人が、特定のテーマに沿ってラジオ的に日々発信している音声コンテンツである。これを利用する利点は、「ながら」でインプットすることができる点である。

例えば、朝支度している時、通勤中、休憩中など、家事や移動している際に耳から各種情報をインプットできるため、効率的に知識を得ることができる。

ビジネストレンドを広く体系的に知るという意味では、経済メディアも有用だ。各種オンラインサービス・アプリケーションの提供により、隙間時間での確認ができ、かつUI/UX（見やすさや利用しやすさ、コンテンツの面白さ）も高いため、環境変化を知るという意味でよく利用されている。こういった日常的に目にする・耳にする情報が増えてくると、特定のテーマに

ついてもう少し詳しく知りたいというシーンが増えてくるかもしれない。

　書籍を購入したり、インターネットで調べるのは面倒だと感じる場合には、動画コンテンツがおすすめだ。例えば、ノーコードツールの操作方法を知りたい、データサイエンスの基礎を知りたいといった時に検索すれば、かなりのコンテンツ数がヒットする。

　各配信者も工夫を凝らし、わかりやすく解説してくれているため、動画サイトだけでも新たなツールの操作方法がわかるケースは多い。

　これらの情報取得手段を通じてインプットを増やしていくと、実際に「他の仕事ってどうなんだろう」と思う瞬間もあるだろう。その時、例えば、仕事情報サイトや口コミサイトを見に行くと、リスキリングのきっかけとなる新たな仕事への関心はさらに深まることになる。

　いずれの情報手段も、スマホさえ持っていれば、隙間時間や移動時間を利用して気軽に利用できる。重要なのは、まずはそうしたWebサイトへの登録やアプリのインストールに加え、実際に使ってみることだ。

　何気なく情報を取得する習慣を作ることで、知識の幅を広げる行為が自動化、日常化していくことになる。一般的にこうした行為を「アンテナを広げる（立てる・張る）」とも言われる。

「デジタルな方法を通じて知る機会」に加え、同期や友人、会社が催すイベント・研修という「アナログな方法を通じて知る機会」も案外重要だ。第2章のミドル・シニア 吉川（→132ページ）は、会社のライフプラン研修や、友人の動向を通じて自身のキャリアを内省し、リスキリングに関する関心を持つようになった。

　特に、自身の中長期的なキャリアを考える機会は、多くの気づきを得る機会が多い。それは、例えば昇格時の階層別研修や、会社が提供するキャリア研修が相当する。そうした機会を得られる方は、ぜひ有効活用していただきたい。

b. 行動の壁

「行動の壁」は、「自分事化できるか」「関心のあるテーマや仕事と、自分のキャリアを結び付けることができるか」の壁と言い換えることもできる。自分のキャリアに結び付けるには、次の点を自身が感じ、認識する必要がある。

①**危機感・不安感**：現状の仕事の将来性、自身の保有スキル・経験の将来性
②**魅力度・必要性**：関心のあるテーマ・仕事の将来性、必要スキル・経験の将来性
③**実効性**：自身の保有スキル・経験が関心のある仕事においてどの程度生きるか

MENTERの調査によると、リスキリング経験者はその目的について、「将来への危機感・不安」が24.6％、「不足している知識やスキルの補足」が42.1％、「新たな知識やスキルへの興味」が37.9％といった回答を得られているという。

出典：WHITE株式会社「経験者195名に聞く『リスキリングの実態調査』」
（2023年7月12日〜2023年7月19日）MENTER調べ

リスキリングという行動が喚起される要因として、「危機感・不安感」や「魅力度・必要性」がうかがえる。では、「危機感・不安感」「魅力度・必要性」「実効性」のそれぞれを、どのように感じ、認識するのか。

「①**危機感・不安感**」については、まず、今、自身が就いている仕事に関する環境変化を、「マクロ：経済、気候・資源、技術、人類」の視点と、「ミクロ：会社・組織」の視点で調べてみることを推奨する。
マクロの視点については、さらなるグローバル化や気候変動の影響に

よって市場や仕事そのものが縮小する可能性があるのか、機械やAIによって代替される可能性がどの程度あるのかといった観点である。

　私たちは、「世界はどのように変わるのか—2050年までの変化」と称して、長期的なマクロの環境変化を整理している。（→次ページ・図3-5）

　経済の観点からは、例えばボーダレス化が進み、国を超えた労働移動が発生することが見込まれ、1つの仕事に対して多国籍な労働供給（求人倍率の増加）が発生する可能性がある。

　気候・資源の観点からは、脱炭素が進み、CO_2を排出するエネルギー創出関連の仕事やモビリティ（運搬、配達など）関連の仕事が減少する可能性も考えられる。

　技術と人類の観点は、現時点であらゆる産業への影響が考えられ、自動運転、ドローン、ロボットによる自動化、生成AIによる企画・事務業務の自動化といった、最もインパクトのある環境変化が想定される。

　特に生成AIを構築するための大規模言語モデル（大量のテキストデータを使ってトレーニングされた自然言語処理のモデル）の登場により、労働市場に及ぼす影響を分析した研究論文も公開されている。その中では、例えば米国の労働者の約80％が自身の仕事のうち10％の影響を受け、約19％の労働者は50％の影響を受けるというインパクトの大きさが示唆されている。

　このように、技術を中心に環境変化は私たちの仕事を大きく変える可能性を秘めている。実際、これまでにも時代の流れとともに仕事の入れ替わりは発生している。

　国勢調査平成2年時点では存在していたものの、平成27年調査で廃止・削除された職業の一例として、ワードプロセッサ操作員、タイピスト、預貯金集金人、保険料集金人、呼売人、ミシン販売員などがある。

　一方、平成より新たに追加された職業として、情報ストラテジスト、システムコンサルタント、ビジネスストラテジスト、システム保守技術者や、金融商品開発者、金融ストラテジスト、保険商品開発者などがある。

図3-5　世界はどのように変わるのか−2050年までの変化

分類	項目	2020	2030	2040	2050
①経済	Economy:経済	●国内格差の拡大により資本主義の綻びが顕著に ●国際協定の再編(FTAなど)で地理から経済利害追求へ			●世界人口は90億人に
	Demographics:人口動態		●労働力の機械化との共存や、女性の社会進出で、出生率減 ●ヒト・モノ・カネの流れは進展し、グローバリゼーション加速		●多国で社会福祉型(北欧型)の社会保障へ挑戦
	Politics:政治				
	Religion:宗教				
②気候・資源	Geoenvironment:地球環境	●大気汚染が社会問題として深刻化 ●企業単位でのエネルギーシフト進化	●炭素税の導入・規制が本格化	●環境国際協定の再形成	●温暖化は緩やかになるが引き続き気温上昇 ●再生可能な素材により工業資源の持続可能性が実現
	Energy:エネルギー	●数億人が水ストレスにさらされる			
③技術	Innovation:技術	●アニーリング型量子コンピューターの利用が進む ●iPS細胞由来の再生医療市場を急速に拡大 ●5G運用開始で自動運転やドローン、遠隔操作が発展	●ロボットが工場や日常生活に入り込み、多くのタスクを代替 ●血管内を移動可能な微小なナノマシンが実用化	●遺伝子情報分析やAI活用で、個別医療が人口内になる ●スマートグラスのAR・VRが社会インフラと連携し、リアルとバーチャルが融合 ●ドローンが社会インフラの監視・観測や宅配の主流に	
④人類	Social Movement:社会動向	●低スキル労働者の機械代替が進展する一方、新たに登場する職業も ●オンラインの教育が普及、経済・地理格差が減少	●ギグワーカーの働き方が浸透	●同時翻訳デバイスが一般化し、再びローカル言語の使用が活発化 ●多くの社会でメンタルヘルスが社会問題化	●都市への人口集積が進むが、ギグワーカー・クリエイティブクラスなどを中心とした郊外・分散化の流れも ●経済的な幸福度は向上しているが、内面的な充実感が幸福の尺度に

出典：デロイト トーマツ コンサルティング「デロイトの未来予測のフレームワーク Foresight」2015年 https://www2.deloitte.com/content/dam/Deloitte/jp/Documents/strategy/cbs/jp-cbs-foresight.pdf

重要なのは、**仕事の入れ替わりが発生したとしても、その仕事に従事している人が、右から左に自動的に新たに仕事に就けるわけではなく**、本書のテーマになっている**リスキリングが求められる**ということだ。

　こういった私たちの仕事を取り巻く「脅威」に対しても、「知る」というステップでキャッチし、自分のキャリアを見つめ直すことが重要になる。

　また、このような脅威を能動的に認識せずとも、年齢によって漠然と不安を感じることもあるだろう。「キャリア・プラトー」という言葉をご存じだろうか。プラトーとは「台地」という意味で、いわゆる「キャリアの踊り場」というイメージだ。

　特に、ミドル・シニア層においては組織内の昇進・昇格の可能性が狭まってしまったと感じることで、「このまま続けていいのか」「この会社にいるべきなのか」と漠然とした不安を覚えてしまう。第2章のミドル・シニア 吉川（→132ページ）のストーリーでもまさにこの点が描かれていた。

　このキャリア・プラトーはある意味リスキリングに向けた良い機会で、これをきっかけに自身のキャリアを見つめ直す、自身の業界・業種の中長期的に置かれる状況を調べてみるという行動につなげることが望ましい。

　次に、「**②魅力度・必要性**」については、「a. 関心の壁」（→150ページ）において方法を記載しているので、そちらを参照いただきたい。

　最後に、「**③実効性**」については、自身のこれまでの経験・経歴を、知識・スキルとして言語化できるかがカギだ。転職活動を行う際、「キャリアの棚卸し」「スキルの棚卸し」として、これまでの経験や具体的なエピソードを整理し、これに紐づける形で知識・スキルとして言語化することがよく行われる。

　具体的には、例えば、次ページ図3-6のように、自身の経験を何らかのフォームに整理しておくと、自身のキャリアの振り返りや、リスキリング検討の助けになる。

図3-6　スキルの棚卸しイメージ

★ポータブルスキル

項目	20XX年4月～20XX年9月	20XX年10月～20XX年3月	…
部門	営業部営業企画課	同左＋営業支援ツール構築プロジェクト	
役割・職位	課長補佐	プロジェクトマネジャー	
業務内容	・営業社員の業績管理 ・販促ツールの作成・展開 ・営業戦略の展開	・進捗管理 ・リソース管理 ・コミュニケーション管理 など	
求められた知識・スキル	・ドキュメンテーション ・ロジカルシンキング（事実に基づく判断）★ ・コミュニケーション ・コラボレーション★	・プロジェクトマネジメント全般 ・ファシリテーション ・リスク管理 ・変化への適応★ など	
習得できた知識・スキルとその程度	・ドキュメンテーション ・コミュニケーション	・プロジェクトマネジメント全般（基礎知識レベル） ・自律的な行動	
上記スキル習得に係るエピソード（成功・失敗例）	・忙しく働く営業社員に対し、会社としての戦略を展開していくときに、ハレーションの回避や腹落ち感の醸成が難しく…	・そもそも体系的な知識を有しておらず、何をどうすればよいかさえわからなかったため、日々OJTの中で必要な知識・スキルを見極め、並行して学習して…	

出典：デロイト トーマツ コンサルティング

　ここで棚卸しした自身のスキルが、関心のあるテーマや仕事に活かせるのであれば、モチベーションも高まり、その仕事での活躍も期待できよう。

　加えて、関心のあるテーマや仕事に求められるスキルと、自身の保有スキルとのギャップが、リスキリングの対象スキルとなる。

　日常的にこのような棚卸しを行っている方は多くないと思うが、例えば、年に１回、人事評価や異動の時期に自分なりの年間の振り返りを行う機会に合わせて実施することも有効だろう。

　図3-6の例では、「**ポータブルスキル**」がわかるように整理しているが、ポータブルスキルとは、**職種の専門性以外に、「業種や職種が変わっても**

持ち運び」ができる業務遂行上のスキルのことだ。自身がどの程度このスキルを保有・獲得しているか、可視化することをお勧めする。

出典：一般社団法人人材サービス産業協議会「ポータブルスキル セルフチェックツール」
https://j-hr.or.jp/products/careerchange/pr-selfcheck/

　例えば、厚生労働省では、ポータブルスキル見える化ツール（職業能力診断ツール）を公開している。（図3-7）

　ポータブルスキルを測定し、それを活かせる職務、職位を提示するツールである。そこでは、ポータブルスキルは「仕事のし方」「人との関わり方」という観点から9つの要素を定義している。

図3-7　厚生労働省：ポータブルスキルの要素

仕事のし方	現状の把握	取り組むべき課題やテーマを設定するために行う情報収集やその分析のし方
	課題の設定	事業、商品、組織、仕事の進め方などの取り組むべき課題の設定のし方
	計画の立案	担当業務や課題を遂行するための具体的な計画の立て方
	課題の遂行	スケジュール管理や各種調整、業務を進めるうえでの障害の排除や高いプレッシャーの乗り越え方
	状況への対応	予期せぬ状況への対応や責任の取り方
人との関わり方	社内対応	経営層・上司・関係部署に対する納得感の高いコミュニケーションや支持の獲得のし方
	社外対応	顧客・社外パートナー等に対する納得感の高いコミュニケーションや利害調整・合意形成のし方
	上司対応	上司への報告や課題に対する改善に関する意見の述べ方
	部下マネジメント	メンバーの動機付けや育成、持ち味を活かした業務の割り当てのし方

出典：厚生労働省「ポータブルスキル見える化ツール（職業能力診断ツール）」
https://www.mhlw.go.jp/stf/newpage_23112.html

　これらのポータブルスキルを積極的に獲得していくことが、自身のリスキリングや、新たな仕事・テーマでの活躍の実効性を高めるポイントとなるだろう。

c．手段と時間の壁

　リスキリングへの意欲が高まり、実際に学習に着手しようという気持ちになると、関心のあるテーマ・仕事に必要な知識・スキルや経験、資格などを調べることになる。

　この段階でよく挙がるのが「**①必要なスキルがわからない**」「**②学習方法がわからない・機会がない**」「**③学習の時間がない**」「**④学習のモチベーションを継続できない**」といった、学ぶための方法やリソースという課題である。それぞれの課題に対し、個人目線、企業目線で方法論をいくつか紹介したい。

①必要なスキルがわからない

　必要なスキルを特定する上で、一般的に資格取得を通じて得られる体系的知識が想起されやすいが、知識だけあっても実際の職場で活躍できないことが多い。活躍するには、（実践的な経験の反復を通じて得られる）スキル、コンピテンシー（行動特性）、マインド・スタンスといった要素も、実際に活躍するには重要な要素だ。（図3-8）

図3-8　氷山モデル

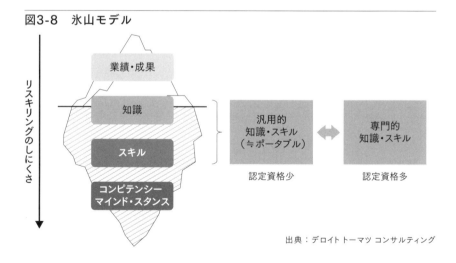

出典：デロイト トーマツ コンサルティング

160

知識・スキルの中にも、**汎用的な知識・スキル**と、**専門的な知識・スキル**がある。汎用的知識・スキルは「ポータブルスキル」に近い要素だ。

一方、プログラミングや、エンジニアリング、設計技師など、特定の業務において必須であるものの、他の職種では代替が利かないような専門的知識・スキルも存在する。

一般的に、専門的知識・スキルは認定資格が多く（≒必要知識・スキルが体系的に言語化・文書化されており、学習知が重要視される）、汎用的知識・スキルは認定資格が少ない（≒体系的に学習するよりも実践経験が重要視される）。

これはすなわち、専門的なテーマ・領域に関心を持ち、そのような仕事を志向してリスキリングを行う場合、資格取得や書籍による学習に着手するといったわかりやすい手段となる。

一方、汎用的知識・スキルが必要とされる場合、どのように習得すべきなのか、どのような状態になったら身についたと言えるのかがわかりにくいという実態がある。

氷山モデルの下層部分にあたる**コンピテンシー**や**マインド・スタンス**は、必要スキルの特定や習得度の測定がさらに難しい。

コンピテンシーとは、「成果を上げる従業員に共通して見られる行動特性」を指し、概念としては「思考プロセスや能力」に近い。その要素は業種や企業、職種ごとに異なるものの、一般的な要素例として私たちが定義する「コンピテンシーディクショナリー」を紹介する。（→次ページ・図3-9）

コンピテンシーディクショナリーでは、**自己／対人マネジメントの2軸**で構成している。

「**自己マネジメント**」としては、ストレスマネジメント、チャレンジ精神といった一般的にもよく重要性が説かれている要素も含めて定義しており、「**対人マネジメント**」としては、プレゼンテーションやリーダーシップといった要素を定義している。

図3-9　コンピテンシーディクショナリー

No.	コンピテンシー項目		行動側面
	コンピテンシー項目群　I-1.自己マネジメント／マインド		
No.1	信念に基づく行動	a	主張・強力な推進
		b	自分の信念に基づいた判断・決断
		c	…
No.2	倫理的意識・誠実性	a	倫理観・道徳観に基づいた行動
		b	信頼感・安心感を与える忠実・誠実な行動
		c	…
No.3	ストレスマネジメント	a	ストレス耐性
		b	感情抑制
		c	…
No.4	自発的行動・努力	a	新しいチャンスや発見につながる探求行動
		b	自分の責任範囲外での課題認識・解決
		c	新たな手法・分野拡大への貢献
		d	…
No.5	本質思考	a	課題の本質追求
No.6	チャレンジ精神	a	積極果敢な行動
		b	…
No.7	達成意欲・使命感・責任感	a	周囲の期待以上の成果を上げる意欲
		b	…
	コンピテンシー項目群　I-2.自己マネジメント／思考		
No.8	課題認識（現状把握・ビジョン演繹指向）	a	課題の認識/設定（状況把握）
		b	問題意識
		c	…
No.9	概念的思考に基づく行動	a	単純化による理解/関連づけによる解決策の検討
		b	…
No.10	分析的・論理的思考に基づく行動	a	分析の視点
		b	…
No.11	経済合理性の追求	a	費用対効果の検討
		b	利益追求の判断
		c	…
No.12	フレキシビリティ	a	柔軟性のある決断
		b	…
No.13	情報の収集と活用	a	広い情報ネットワーク/情報源
		b	事実の確認行動
		c	…

No.14	知的専門性の活用	a	特定分野における専門知識・スキルの保有
		b	専門知識およびノウハウの共有化・蓄積
		c	専門知識・経験の活用
		d	…
		e	…
No.15	業界知識	a	業界知見
No.16	プロセスマネジメント	a	シナリオの構築
		b	リスクマネジメント（仮説検証）
		c	優先順位付け
		d	…
		e	…
		f	…

コンピテンシー項目群 Ⅱ-1. 対人マネジメント（影響）／対人			
No.	**コンピテンシー項目**		**行動側面**
No.17	プレゼンテーション	a	…
No.18	関係構築力	a	…
No.19	顧客志向性	a	…
No.20	対人インパクト	a	…
No.21	組織感覚力	a	…
コンピテンシー項目群 Ⅱ-2. 対人マネジメント（影響）／組織マネジメント			
No.22	チームワーク	a	…
No.23	イニシアティブ	a	…
No.24	リーダーシップ	a	…
No.25	対人育成力	a	…

出典：デロイト トーマツ コンサルティング

　今のDX時代において、ビジネスパーソン一人ひとりに求められるリテラシーとして、経済産業省・情報処理推進機構（IPA）にてDXリテラシー標準を公開している。

　その中でも特に「**マインド・スタンス**」は「新たな価値」を生み出す要素として「**変化への適応**」「**コラボレーション**」「**顧客・ユーザーへの共感**」「**常識に捉われない発想**」「**反復的なアプローチ**」「**柔軟な意思決定**」「**事実に基づく判断**」の7項目を定義している。（→次ページ・図3-10）

図3-10 経済産業省・IPA：DXリテラシー標準 マインド・スタンス

項目の内容・学習項目例 - マインド・スタンス

学習のゴール
社会変化の中で新たな価値を生み出すために必要なマインド・スタンスを知り、自身の行動を振り返ることができる

項目	内容	学習項目例
変化への適応	✓ 環境や仕事・働き方の変化を受け入れ、適応するために自ら主体的に学んでいる ✓ 自身や組織が持つ既存の価値観や習慣する考えるべき点を認識しつつ、環境変化に応じた新たな価値観、行動様式、知識、スキルを身につけている	
コラボレーション	✓ 価値創造のためには、様々な専門性を持った人と社内・社外関わらず協働することが重要であることを理解し、多様性を尊重している	
顧客・ユーザーへの共感	✓ 顧客・ユーザーに寄り添い、顧客・ユーザーの立場に立ってニーズや課題を発見しようとしている	
常識にとらわれない発想	✓ 顧客・ユーザーのニーズや課題に対応するためのアイデアを、既存の概念・価値観にとらわれずに考えている ✓ 従来の物事の進め方の理由を自らに問い、より良い進め方がないか考えている	
反復的なアプローチ	✓ 新しい取組みや改善を、失敗を許容できる範囲の小さいサイクルで行い、顧客・ユーザーのフィードバックを得て反復的に改善している ✓ 失敗したとしてもその都度軌道修正し、学びを得ることができれば成果であると認識している	✓ 各自が置かれた環境において目指すべき具体的な行動や影響例 等
柔軟な意思決定	✓ 既存の価値観に基づく判断が難しい状況においても、価値創造に向けて必要であれば、臨機応変に意思決定を行っている	
事実に基づく判断	✓ 勘や経験のみではなく、客観的な事実やデータに基づいて、物事を見極め、判断したりしている ✓ 適切なデータを用いることにより、事業やデータに基づく判断が有効になることを理解し、適切なデータの入力を意識して行っている	

出典：経済産業省・情報処理推進機構（IPA）「デジタルスキル標準Ver.1.1」
https://www.ipa.go.jp/jinzai/skill-standard/dss/ps6vr7000000083ki-att/000110687 2.pdf

「コンピテンシー」と「マインド・スタンス」は、関係性として近い概念であるが、コンピテンシーの中にマインド・スタンスを含むケースもよく見られる。ただ、**マインド・スタンス**は文字どおりの「**意識・姿勢**」という意味であるが、**コンピテンシー**は「**好業績の従業員の行動特性**」という意味で、より限定された意味合いで捉えられる。

また、これらのマインド・スタンスやコンピテンシーに加えて、実は伝統的に重要であり、昨今はその重要性が増してきている要素として「**セルフブランディング**」があると思われる。

セルフブランディングと聞くと、SNSで自身の活動を発信するとか、スキルをアピールするといった行為を想起されるかもしれないが、それだけではない。

例えば、社内で自身の貢献や実績、今後活躍したい/関心のある仕事を評価面談時や上司との会話の際に共有したり、同僚メンバーに話す行為も広義のセルフブランディングである。なぜセルフブランディングが重要かというと、自身が上司や企業から「選ばれる」確率を高めるためである。

SNSを通じて社外へ発信する活動は、自己承認欲求を獲得できるという面もあるが、本質的には自身の労働市場価値を高める（≒自身が望む仕事・企業で採用される確率を高める）ことであるし、社内における上司・同僚への共有は、自身が望む仕事に配置・アサインされる確率を高める行為でもある。

では、これらの「知識・スキル」「マインド・スタンス」「コンピテンシー」について、それぞれ自身の関心あるテーマについて、どのように把握していけばよいだろうか。

一般的な「知識・スキル」については比較的容易に把握できる。社外の仕事（転職）については、ほとんどの場合、求人に必要な知識や保有していると望ましい資格が記載されている。

専門的知識・スキルであれば、具体的な資格名や、特定業務・システムに関連する知識に言及されているケースが多いし、汎用的な知識・スキルであれば、例えば「XXXに関する営業の経験」といったように、経験が記載されていることが多いだろう。

　昨今はインターネット上や動画サイトのメディアにおいて、実際にそこで働いている方の経験談や働き方も含めて共有されていることが多い。中には誤った情報が含まれている可能性もあり、1つのソースを鵜呑みにすることはリスクがあるが、複数のソースや求人内容と複合的に見れば、ある程度、解像度高く把握することもできるだろう。社内であれば、業務分掌規程や部門紹介、社内公募制度といった仕組み・インフラや、実際に働いている人にコンタクトするといった手法が有効である。

　必要なコンピテンシー/マインド・スタンスを把握する方法は、一次的には厚生労働省の職業情報提供サイト（日本版O-NET）で調べた上で、実際にそこで働いている方のインタビューを動画サイトや各種メディアで確認する方法がよいだろう。

　日本版O-NETでは、約500の職業が掲載されており、業務内容はもちろん昨今の動向や労働条件まで確認できる。職業の一般的な仕事内容・作業、就業する経路、必要なスキル、都道府県単位の労働条件、求人倍率、求人賃金を動画とデータで紹介している。（図3-11）

　ポイントは、知識・スキルのみならず、コンピテンシーやマインド・スタンスに近い要素も概観を把握することが可能という点だ。O-NETではどのようなスキル・知識、学歴、興味・価値観を持った人が働いているかが掲載されている。その中で、「仕事の性質」という項目により、「他者との関わり」「他者と調整し、リードする」「優先順位や目標の自己設定」といった要素が含まれており、これらの要素から一定程度どのようなコンピテンシーを保有しておくと活躍できそうか推定できる。

図3-11　日本版O-NET：AIエンジニアの例

AIエンジニア

職業別名　：-
職業分類　：その他の情報処理・通信技術者（ソフトウェア開発を除く）
属する産業：情報通信業 ⧉ （クリックすると別サイトのしょくばらばへ移ります）

● どんな仕事？　　● 就業するには？　　● 労働条件の特徴　　● しごと能力プロフィール　　● 類似する職業　　● 関連リンク

どんな仕事？

　AI（人工知能）の様々な分野での活用に関して研究開発を行う。
　ディープラーニング（深層学習）などの手法により、アルゴリズム（問題解決の手順）を考えてシステムとして実現するエンジニアである。ビッグデータを分析するデータサイエンティストをAIエンジニアに含める場合もあるが、ここでは狭義のAIエンジニアである、機械学習のエンジニアを解説する。
　現在、AIの応用は、顔認証、疾病の画像診断、自動車の自動運転、カスタマーセンターの相談支援、異常や障害の検知等々、様々な分野で研究開発が進んでいる。
　仕事を進行に沿ってみていくと、まずチームメンバーで開発目標を設定し、どのような開発を行うかといった計画を策定する。受託して開発する会社では、クライアントから要件を聞き、提供されるデータを確認してから開発設計を行う。開発に入ると最適なアルゴリズムを検討し、AIを実行するマシンの性能が低い場合は、処理性能も考慮に入れながらアルゴリズムを実装する。平行して、教師データ（結果が分かっている既存のデータ）を投入しAIに学習させる仕組みを検討し、教師データの管理方法、加工方法を設計する。設計やプログラムはクラウドに上げてチームメンバーで共有することが多い。
　効率の良い学習のためにデータを管理する画面やツールを準備し、膨大な教師データを投入し、診断、判定等の精度を上げていく。この学習には何日もかかることがあるため、AI学習用の専用のマシンやスーパーコンピューター（高度な演算処理を高速に行うことができる）などが使われる。
　AIの学習の進み具合をみるため、正解率が目標に達したり、エラー率が十分に下がったところで学習は完了となる。AIに検証用のテストデータを投入し、どのような診断、判定になるか、様々な分野の専門家やエンジニアで検証する。この検証を経て、出来上がったシステムを納入する。システムが実際に運営されるようになるが、運用段階のデータからもAIを成長させていく。
　関連技術が急激に発展しているため、常にWeb上で公開されている関連論文を調べて読んだり、大学、研究機関の研究者と意見交換し、関連する最新情報は押さえておくことが必要である。

就業するには？

　この仕事に就くためには、特に学歴や資格は必要とされず、現状では求められる要件や水準も明確でないが、大学院で情報科学あるいは工学部、理学部の様々な分野の修士か博士号取得者が多くを占める。大学学部卒の割合がそれに続き、高専卒も若干名いる。新卒者を採用する場合は、大学での研究実績、国際学会での発表、また、AI（人工知能）関連の各種コンペティションでの入賞等が評価される。
　研究機関、メーカー、情報通信会社、ベンチャー企業などに採用される。システムエンジニアとは別にAIエンジニアとして採用されることが多い。
　機械学習やディープラーニングの専門家は日本全国で1,000人に満たないと考えられ（関連学会員、コミュニティ参加者から推定）、実績のあるAIエンジニアの中途採用、大学で優秀な成績を収めた学生の新卒採用は争奪戦の状態になっている。データサイエンティストなど隣接する分野から転身してくる人もいる。
　転職する場合は、同業他社でAIエンジニアになるというケースもあるが、大学や研究機関に移るケースも多い。
　ディープラーニングやその他の機械学習手法に精通していること、この分野でメジャーなプログラミング言語であるPython（パイソン）などを使いこなせること、データ分析の技術やツールが十分に使えること等が求められる。また、その上に、例えば、画像処理、自然言語処理、音声処理などの技術に精通していることや、医学、農学などの特定の分野における専門知識が求められることもある。
　新しい分野であり、人材の育成方法はまだ確立していないが、大学で学んだ専門知識、個人のポテンシャルや閃きが新しい発明に繋がることも多く、開発能力は年齢や経験年数と必ずしも比例しない。
　進歩が速い分野であり、常に情報収集が必要で、論文を読んだり、また、自ら書いたりすることが多い。

出典：厚生労働省「職業情報提供サイト（日本版O-NET）」AIエンジニア・一部抜粋
https://shigoto.mhlw.go.jp/User/Occupation/Detail/325

日本版O-NETで自身の関心のあるテーマで概観をつかんだ後に、実際の就業者の声や口コミ情報を、ネットや書籍から確認できれば、かなりの解像度で必要なコンピテンシー/マインド・スタンスを把握することができるだろう。

②学習方法がわからない・機会がない

学習方法については、知識・スキル、コンピテンシー/マインド・スタンスのそれぞれの要素ごとに異なる。

知識については最もわかりやすく、書籍や公開講座、資格学習を通じて該当する知識を習得する。とはいいつつ、特に過去問を解く、暗記といったことが求められる学習は、モチベーション維持が課題になることが多いだろう。

モチベーションの継続については、後段「学習のモチベーションを継続できない」のセクションで触れているので参照いただきたい。（→176ページ）

スキルの習得については、「実践」が重要である。研究によると、成長に貢献する要因としては、「仕事上の経験」が70%、「先輩・上位者からの助言・フィードバック」が20%、「研修などのトレーニング」が10%であるという。

出典：Michael M. Lombardo & Robert W. Eichinger "The Career Architect Development Planner"
Lominger Limited; Inc. 第3版（2002年1月1日）

座学による知識の習得に加え、実践する場、フィードバックが重要であることがわかる。これに基づき、スキル習得に向けた学習サイクルとして、「**実践→気づき→体系的な学び**」というサイクルを意識的に回す方法を推奨したい。

OJTやアウトプットの機会を通じて実際に実践する場を獲得した上で、自身が主体的な役割（ロール）としてその業務を遂行する。

この活動に対して、上位者や同僚、コーチからコーチングや客観的な

フィードバックをもらい、自身の活動に関する良かった点・改善点の気づきを得る。

　そのうえで、業務遂行に不足している知識については、

- 改めて研修や自己学習を通じて体系的に学ぶ
- 得られた気づきや再学習を次なる実践の場に活かす

というサイクルである。

　会社によってはコーチ制度、メンター制度などによって成長に向けたコーチングやフィードバックを得られる機会を提供しているケースもある。

　昨今、このコーチングやフィードバックに特化したようなサービスも存在している（英語コーチングのプログリット［PROGRIT］、パーソルイノベーション社の法人向けオンラインコーチングサービス「学びのコーチ」など）。

　OJTやアウトプット機会については、すべての方がすぐに獲得できるわけではないため、いくつかの方法を組み合わせたり、段階的に獲得していくことをお勧めしたい。具体的には、

1. 現行業務でスキルを活用する
2. 業務外の時間で実践の場を作る
3. 10～20%ルールや副業・兼業制度を活用する
4. 社内公募・転職を通じて実際に働く

という４つの手段が考えられる。（→次ページ・図3-12）

図3-12　OJTやアウトプット機会の獲得手段

#	手段	例
1	現行業務でスキルを活用する	■研修で学んだノーコードツールについて、現行の定型的な業務を対象に自動化する箇所を特定し、実際に効率化してみる ■研修で学んだプロジェクトマネジメント手法、特にステークホルダー管理やWBS*による管理を、現在の事務企画業務に活用してみる ＊Work Breakdown Structure：プロジェクトにおけるタスクを細分化し、一覧表で示す手法
2	業務外の時間で実践の場を作る	■営業事務から企画職への異動を目指し、社外の企画書（パワーポイント作成）コミュニティに参加してアウトプットをレビューしてもらう ■営業からITエンジニアへの転職を目指し、社外トレーニングサービスを活用してPythonによるプログラミングのアウトプットをレビューしてもらう
3	10～20%ルールや副業・兼業制度を活用する	■10～20%ルールを活用し、広報部門におけるマーケティングの企画・運営業務に関するミーティングに参加したり、一部企画・調査をサポートする ■社内外副業・兼業制度を活用し、ベンチャー企業における経営の役割を実際に担う
4	社内公募・転職を通じて実際に働く	■社内公募制度を通じ、特定のDX案件に手を上げ、外部協力者であるコンサルタントと一緒に新規事業立案を推進する

出典：デロイト トーマツ コンサルティング

　これら手段のうち、「3. 10～20％ルールや副業・兼業制度を活用する」や「4. 社内公募・転職を通じて実際に働く」は、そもそも会社に該当する制度やルールがなければ実施できないが、特に「1. 現行業務でスキルを活用する」については現行業務の成果向上の可能性もあることから、ぜひ積極的に取り組んでいただきたい。

③学習の時間がない

　日々業務に従事し、人によっては育児・家事・介護も抱えていると、なかなか学習するための時間を確保できないという悩みはよく聞かれる。

　実際に情報処理推進機構（IPA）が公開している「デジタル時代のスキル変革などに関する調査（2022年度）」によると、学びの継続における障壁の理由として、「学びを継続するための時間がない」もトップ2にランクインしている。学習時間の確保について個人としてできることは、「同時に学

習する（ながら学習）」「学習時間を作る」「現業で学習する」といった方法が考えられる。

同時に学習する（ながら学習）

「同時に学習する（ながら学習、隙間学習）」は、移動時間、家事、通勤、業務上における手待ち時間にスマホを活用し、書籍や学習アプリ、動画サイト、オンラインラジオなどを通じて、「ながら学習」を行う方法である。

　この方法は媒体が書籍や暗記カードからスマホに変わったということを除けば、ある意味伝統的な手法であると言える。

　一般的に、1つの仕事に集中するほうが生産性が高まるとも言われており、「ながら学習は効率が低いのではないか」と思われるかもしれないが、ここで言う「ながら学習」は、あくまで実質的に非稼働となっている移動時間や、集中しなくても対応可能な家事などの間に実施するという意味だ。

　スマホを使って学習できるという意味では、ながら学習、隙間学習における学習のしやすさという点において優れていると考えられる。移動時間中や通勤時間中など、手を使うことが可能な時間帯は学習用アプリを通じて学習し、家事で手を使えない時間においてはオーディオブックやスマホラジオを使って聞きながら学習することが可能だ。

　例えば、平日の通勤に往復1.5時間、通勤準備含む家事時間に30分を費やしていれば、その時間を学習時間に当てるだけでも、月営業日が20日だとすると月40時間の学習時間を確保できる。

　G検定（一般社団法人日本ディープラーニング協会：JDLAが実施する、AI・ディープラーニングの活用リテラシー習得のための検定試験）であれば、30〜40時間、ITパスポートであれば100〜180時間程度が合格のための学習時間目安であり、それぞれ1か月、2.5〜4.5か月程度続ければ取得できる計算だ。

学習時間を作る

「学習時間を作る」はそのままの意味で、現在の業務を少しでも効率化し、時間を捻出する。業務効率化は、個人と会社組織の両面から進める必要があるが、ここでは個人レベルで可能な取り組みについてご紹介する。

業務効率化については、自身の業務がどんな性質のものかを把握した上で、効率化の手法を採用することが重要だ。これらを判断する物差しとして、「業務効率化判断フローチャート」を紹介したい。(図3-13)

図3-13　業務効率化判断フローチャート

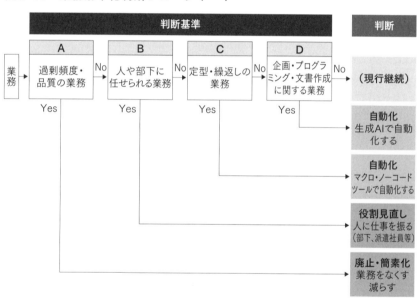

出典：デロイト トーマツ コンサルティング

業務効率化の手法としては基本的に「廃止・簡素化可能か」→「人に仕事を振ることができるか」→「マクロや生成AIなどで自動化可能か」の順で検討を行う。この順序が非常に重要なのだが、理由は、マクロやノーコードツールで自動化するために作業しても、結局、その業務を最終的に

廃止できれば、自動化のための労力や時間が無駄になってしまうからである。そのため、まず仕事をなくしたり、他の人に依頼できないかという点から検討する。

効率化可能かどうか、どの手法を活用するかの判断基準として、まず、「その業務は過剰な頻度や品質になっていないか」という点を考える。

例えば、特定の上位層のために大量の報告資料を作成する（会社の売上にさほど貢献していない）、特定の顧客のために多くのコミュニケーション時間を使うなど、投下している業務時間に見合った成果やインパクトが想定しにくいケースである。

それ以外にも、多人数・長時間で実施している会議（発言者が偏っている、何も発言しない時間が長い）、閲覧率の低い社内報に多くの時間を費やすなどのケースも挙げられる。廃止・簡素化の可能性がある業務例について以下に整理するのでご確認いただきたい。

廃止・簡素化可能な業務例

- アンケート

- 勤怠連絡

- 弁当・飲料手配

- カタログ・パンフレット・行事案内・会報

- 贈答用カレンダー作成

- お中元お歳暮手配

- 備品・消耗品の購入・在庫管理

- お礼状

- お土産準備

- お茶出し

- 各種社内イベント

- 社内報作成

- 問い合わせ・ヘルプデスク

　次に、「人に任せられないか」という点を検討する。例えば、なぜか課長クラスが議事録の作成を行っている、単純な部門のスケジュール管理を行っているなど、ある意味アルバイトでも対応可能な単純作業を高単価な人が担っているケースである。この場合は、派遣社員やアルバイト、若手社員に仕事を振ることが重要である。何でも自分で抱え込むことは、組織の生産性を下げることになる。

　次の検討事項は、「定型・反復的な業務か否か」という点である。例えば、PDFや紙媒体からひたすらExcelにコピペする、特定のWebサイトを開いてその情報をExcelに集約するといった作業である。こういった作業は、Excelのマクロ機能や、MicrosoftのPower Automateといったノーコードツールで自動化可能である。自動化可能な作業例として、入力、転記、集計、ボタン押下、通知、文字認識が挙げられる。（図3-14）

図3-14　自動化可能な作業例

入力	転記	集計
・システムなどに事前に指定した内容を入力する（ログイン情報など）	・システム間で表示内容を転記する（基幹システムからExcelなど）	・Excelで特定の条件に沿って集計する（エリアごとの売上など）
ボタン押下	**通知**	**文字認識**
・システムやブラウザ上でボタンを押下する（アプリ起動や設定、印刷など）	・メールやチャットツールで特定の相手に特定内容を通知する（リマインドなど）	・画像の文字をAIで電子テキスト化する（紙書類をシステムに転記するなど）

出典：デロイト トーマツ コンサルティング

　作業例に照らした自動化事例もいくつか紹介しよう。例えば、「基幹システム（デスクトップアプリ）から営業情報をダウンロードして置換したもの

を営業システムへアップロードする」という作業を、ボタン一つで自動的に実施した事例がある。

この時、自動化した作業は、アプリの起動・ログイン/アプリ上での操作（ダウンロード・アップロード）/CSVの起動/CSV上でのデータ置換である。

また、営業管理システム（デスクトップアプリ）に登録されている顧客申し込み情報を、契約書のテンプレートに挿入するといった作業も自動化された。ここでは、アプリの起動・ログイン/アプリ上での操作（検索）/Excelの起動/アプリからExcelへの転記が自動化されている。

最後に、何らかの企画検討や、プログラミング、文書作成は、ChatGPTをはじめとする生成AIの活用が有効だ。基本的にどのようなアウトプットが欲しいかをチャット形式で指示する（プロンプトする）だけで、素案をほんの数秒で生成してくれる。本書では詳しい使い方は解説しないが、ものは試しということで、まだ触れたことのない読者はぜひ使ってほしい。

現業で学習する

現在の仕事の中でインプット・アウトプットすることが可能であれば、現業の品質向上にもつながるという点でもベストな方法である。

170ページの図3-12「OJTやアウトプット機会の獲得手段」で触れたように、研修で学んだ手法を現行業務で試す（ノーコードツールの活用、プロジェクトマネジメント手法の活用など）ことが可能であれば、単に机上で学習するよりも効果的にスキルを習得できる。

特にコンピテンシーやマインド・スタンスについては、どのような業務であっても普遍的に実践可能である要素であることが多いので（文字どおり本人の意識次第）、ぜひ自身に不足していると思えるような要素がある場合は、意識的に行動や意識を改善してみることを実践いただきたい。

④学習のモチベーションを継続できない

　情報処理推進機構（IPA）が公開している「デジタル時代のスキル変革などに関する調査（2022年度）」によると、学びの継続における障壁の理由として「学びのモチベーションが失われる」が、トップ3にランクインしている。学習時のモチベーション維持は、多くの方にとって学生時代からの悩みではないだろうか。

　学習のモチベーションを高めるために、**動機づけ要因**と呼ばれるものがある。具体的には、**①充実志向**、**②訓練志向**、**③実用志向**、**④関係志向**、**⑤自尊志向**、**⑥報酬志向**があると言われている。

出典：市川伸一・堀野 緑・久保信子「学習方法を支える学習観と学習動機」市川伸一（編著）
『認知カウンセリングから見た学習方法の相談と指導』ブレーン出版（1998年）

内容関与的動機：内発的動機

　①充実志向：学習自体が面白いため

　②訓練志向：頭を鍛えるため

　③実用志向：仕事や生活に活かすため

内容分離的動機：外発的動機

　④関係志向：大切な他者につられて

　⑤自尊志向：プライドや競争心から

　⑥報酬志向：報酬を得る手段として

　これらすべての動機づけ要因を満たして学習できるケースは少ないと考えられるが、自身の学習モチベーション維持・向上、ならびに会社・組織のリスキリング推進にあたっては、それぞれの動機づけ要因を踏まえ、次のような取り組みが有効であろう。

内容関与的動機：内発的動機

① 充実志向：教材・コンテンツの充実化（「受け放題」研修コンテンツの利用など）

② 訓練志向：学習成果のスコア化（定期的なテスト結果の可視化、アセスメント結果の可視化を行う、トレーナーやメンター・コーチによるコーチングを行うなど）

③ 実用志向：習得による成果事例・活用事例の可視化（それぞれ学習している内容が、結果としてどのような業務や活動に活用されるかを常に意識・認識するなど）

内容分離的動機：外発的動機

④ 関係志向：複数メンバー・組織での学習やリスキリング（学習者／リスキリング者のコミュニティ組成、SNSの活用など）

⑤ 自尊志向：学習者／リスキリング者、組織間での取り組み状況・成果の可視化（個人別／組織別の学習時間・テストスコアの可視化、順位化など）

⑥ 報酬志向：学習計画の進捗、学習成果に応じた個人的・組織的な報酬の設定（進捗に応じた「自分へのご褒美」、会社・組織としての手当・奨励金など）

特に内容関与的動機に基づいて学習ができる方は、そもそもあまりモチベーションの維持に困ることはないかもしれないが、そうでない方々については外発的動機が重要である。

具体的には、志を同じくするメンバーが所属するコミュニティに参加したり（もしくは会社・組織としてそういったコミュニティにメンバーを参加させたり）、その中で学習の成果や進捗を可視化するといった方法が有効であろう。

特に会社における人材開発部門においては、単に研修コンテンツを準備するだけでなく、このような学習サポートを充実させることが、リスキリングの成功確率を高めるポイントになるだろう。

なお、学習の観点から説明すると、コンピテンシー/マインド・スタンスの要素は直接的に「何を学ぶか」というWhatの要素より、例えば、習得したデータサイエンスや営業スキルを活かすために、「どのような振舞や行動を起こしているか」というHowの要素に近い。

　これは、何か資格を取得すれば身につくものというよりは、現業においても日々意識して取り組むことによって身に付けることが可能な要素でもある。

　そのため習得にあたっては、自身の上司と相談しながら、実際に当該要素について実践できているかを日常的にフィードバックしてもらうことが有効な手段である。

d．活躍の壁

　実際に関心のある新しい仕事に就き、実践する中で、「活躍できるレベル」にまで成長するまでの過程には、多くの試行錯誤とアンラーニングがある。（図3-15）

「活躍できるレベル」と一言で言ってもさまざまな考え方があるが、ここでは当該領域において「（上司からの支援はほぼなく）独力で遂行可能なレベル」と定義したい。

　第2章の西川（→99ページ）や佐藤（→105ページ）のストーリーで語られていたように、「❶新しい業務を実践する」中で「❷従前想定していた仕事の進め方、必要なスキルとのギャップに気づき（アンラーニング）」「❸周囲のサポートやコーチングで改善すべきことを認識し」「❹不足している知識を書籍などで再学習する」というサイクルを回し続けることが求められる。この❶～❹のサイクルを回していくごとに、❹の要素は減少し、活躍できるレベルに近づいていく。

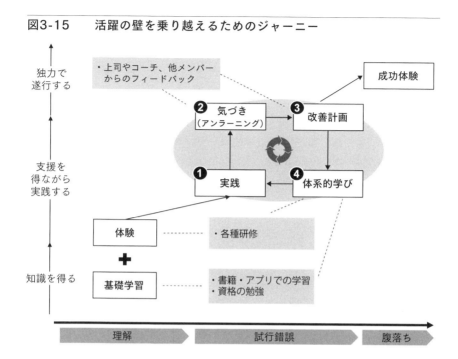

図3-15　活躍の壁を乗り越えるためのジャーニー

独力で遂行する

・上司やコーチ、他メンバーからのフィードバック

成功体験

❷ 気づき（アンラーニング）

❸ 改善計画

支援を得ながら実践する

❶ 実践

❹ 体系的学び

体験

・各種研修

➕

知識を得る

基礎学習

・書籍・アプリでの学習
・資格の勉強

理解　　　　試行錯誤　　　腹落ち

出典：デロイト トーマツ コンサルティング

　このプロセスにおいて最も重要なステップは「❷気づき（アンラーニング）」である。

　「a.関心の壁」においても触れたが、人は「過去の習慣や価値観、スキルなどが継続的に将来の成功とより良い判断につながる」という誤った信念を持ってしまいがちである。

出典：Levitt and March, 1988, Organizational Learning
https://www.annualreviews.org/content/journals/10.1146/annurev.so.14.080188.001535

　過去の成功体験や体験知に固執してしまうことにより、「❸改善計画」が立てられず、一向に成長が見られないというケースは異動や転職時によく見られる。

　自身の過去の経験や既存スキルを新しい業務で活かせるようになるのは、

新しい仕事で求められる働き方やマインド・スタンスが身についてからであることが多い。筆者が所属しているデロイトにおいても、事業会社からの転職で入社される方が多いが、その方々は事業会社における経験（例えば人事に関する知識・経験）を活かしたいという思いを持たれている方が大半である。

　一方で、実際にそのスキルや経験が生きるのは、コンサルタントとしてのベーシックスキルを2〜3年かけて身に付けてからであることが多い。

　コンサルタントとして求められる動き方、思考の仕方を発揮できるようになった上で、自身の過去経験に基づいて示唆出しや提言を行うことにより価値を発揮している。

　ここで「アンラーニング」を達成するには、上司や同僚、コーチとの相談やフィードバックが重要である。会社や組織にそうした体制や仕組みが整っている場合にはフル活用する。整っていない場合には相談に乗ってもらえる人を積極的に探し、見つけることをお勧めする。

第3章のまとめ

　本章で解説してきた内容は、読者の方がリスキリングを実践するステップと、各ステップにおいて挫折しそうなポイントと、その克服方法を示してきた。

　読者の志向や経験値によって、始めるステップや「壁」を感じる要素は異なってくるだろう。そのため、最初のステップからすべて網羅的に実施する必要はない。「やり方がわからない」「うまくいかない」といった手詰まり感がある時に、ぜひ本書を開いて振り返っていただきたい。

　本章の最後に、これまでご紹介した要素を一表で整理し、自身のリスキリングを進めていくにあたっての計画や、振り返りを行えるようなワークシートを準備した。ぜひ、活用いただきたい。（図3-16）

図3-16　リスキリング実践ワークシート

リスキリングの ステップ	1. 触れる・気づく	2. 調べる・知る	3. 理解する	4. 学ぶ	5. 新しい 仕事で 実践する
リスキリングの チェックポイント	a. 関心の壁	b. 行動の壁	c. 手段と時間の壁	d. 活躍の壁	
活動チェック リスト	・知るチャネル（手段：Podcastなど）を習慣的に活用できているか	・自分の仕事の中長期的な変化予測をネットや書籍で調べてみたか ・スキルの棚卸しを実施したか	・関心ある仕事の必要スキルを求人や経産省・厚労省サイトなどで調べてみたか ・本書内「OJTやアウトプット機会の獲得手段」に沿って模索してみたか ・本書内「ながら学習」「学習時間を作る」「現業で学習する」に沿って実践してみたか ・本書内「学習のモチベーションを継続きできない」で紹介した方法を実践してみたか	・実践→気づき→改善計画→体系的学びのサイクルを継続して回し続けられているか	
実際の活動内容 （読者にて記入）					

出典：デロイト トーマツ コンサルティング

個人に対する公的リスキリング支援

　日本政府における「学び直し」に関する議論は2017年に行われた「人生100年時代構想会議」に端を発している。人生100年時代やSociety5.0の到来など、経済社会の大きな変化に対応するため、個々人が人生を再設計し、社会人が学び直しを通じてキャリアアップやキャリアチェンジを可能とする能力・スキルを身に付けることが重要視され、「リカレント政策」が推進されてきた。

　その後、新型コロナウイルス感染症の影響で学び方や働き方、そして生活様式もさまざまに変化する中で、これまで以上に「変化に対応できる力」が重要視されるようになった。こうした中で、2022年10月の臨時国会の所信表明演説で、岸田首相（当時）はリスキリングを「成長分野に移動するための学び直し」と定義し、個人のリスキリングに対する公的支援を「5年間で1兆円」のパッケージに拡充するとした。本節では執筆時点で政府が提供している個人向けのリスキリング支援施策を紹介する。（図3-17）

1.「触れる・知る」に対する支援（何を学び直すか）

　リスキリングの必要性を何となく感じているものの、どこから手をつければよいかわからないという人は多い。そのような人のために、キャリア相談に関する支援施策を紹介する。

●キャリコンサーチ（キャリアコンサルタント検索システム）

　どこから手をつけてよいかわからない人は、まず気軽に相談するところから始めたい。職場の上司やコーチ、人事部門に相談するのも一手だが、キャリアの専門家であるキャリアコンサルタント（国家資格）に相談する手もある。

　キャリコンサーチは、国に登録している「キャリアコンサルタント」を検索できるシステムで、地域や得意分野、個別面談が可能か、といった条件検索ができる。

図3-17 リスキリングの各ステップに応じた支援施策

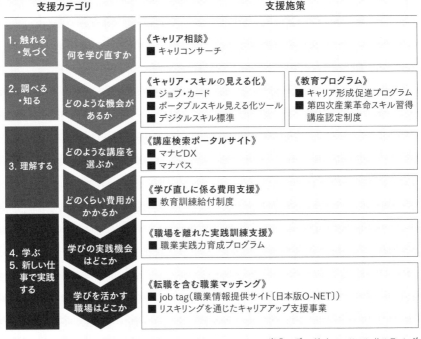

出典：デロイト トーマツ コンサルティング

　第2章・リスキリングストーリーの中で、データサイエンティストにキャリアチェンジした佐藤（→105ページ）はスマホラジオや夫への相談をきっかけに学び直しを始めているが、身近に相談相手がいるとは必ずしも限らない。

　本書をきっかけに「何かを始めなければ」と思っても、最初のとっかかりを見いだせない方は、ぜひキャリコンサーチを使ってキャリアの専門家にアクセスしてみることをお勧めする。相談から始まるあなたのストーリーがあるはずだ。

参考：キャリコンサーチ（キャリアコンサルタント検索システム）

https://careerconsultant.mhlw.go.jp/search/Matching/CareerSearchPage

2.「調べる・知る」に対する支援（今何ができて、これから何を学ぶ必要があるのか）

　おぼろげながらキャリアの方向性が見えてきたら、新しい仕事に就くために必要なスキルと、現在保有しているスキルやキャリアの棚卸しをして、「ギャップ」を確認することが具体的にリスキリングを実行していく上で第一歩になる。

　ここでは、自身のキャリアやスキルの棚卸しをするための支援施策を紹介する。

●ジョブ・カード（マイジョブ・カード）

　個人のキャリアアップや、多様な人材活躍の促進を目的とした「生涯を通じたキャリア・プランニング」と「職業能力証明」のために厚生労働省が提供しているツール。「ジョブ・カード」を作成することで、自分の強み・弱みや能力に気づくことができ、これまでの経験を踏まえたこれからのキャリアプランと、それに向かってやるべきことが描けるようになる。

　リスキリングストーリーの中では中間管理職の西川（→99ページ）や遠藤（→119ページ）、吉川（→132ページ）のような一定のキャリアを積んできた読者が、この先のリスキリングを考えていく上で、自身のキャリアを一度棚卸しするには絶好のツールである。

　もちろん、これからのキャリアを考えていく学生や若手・中堅社会人の読者にとっても、自身の強みや、やりたいことを明確にしていくツールとしても使え、ジョブマッチングにも活用できる。

　リスキリングストーリーの中でベンチャーに勤務しながら副業で中堅製造業でも活躍する加藤（→112ページ）がジョブ・カードの存在を知っていれば、もっと早く社会課題解決エンジニアというキャリアにたどり着けていたかもしれない。

参考：ジョブ・カード（マイジョブ・カード）

https://www.job-card.mhlw.go.jp

●ポータブルスキル見える化ツール（職業能力診断ツール）

「ポータブルスキル」とは、職種の専門性以外に、業種や職種が変わっても持ち

運びができる職務遂行上のスキルを指し、人材サービス産業協議会（JHR）が開発したもの。

　職業能力診断ツールはポータブルスキルを測定し、それを活かせる職務、職位を提示するツールとなっている。

　ポータブルスキルの要素は「仕事のし方（対課題）」と「人との関わり方（対人）」において、9要素ある。

　特に、ミドル・シニア層のホワイトカラー職種の方がキャリアチェンジ、キャリア形成を進める際に使用されることが想定されている。リスキリングストーリーにおいてミドル・シニアの吉川（→132ページ）は、ライフプラン研修をきっかけにキャリアの振り返りを行いながら、GX産業でこれまでのスキルを活かせる新しいポジションを検討し始めているが、職業能力診断ツールは、転職を含めたキャリアチェンジを考える際、自身の強みや活かせる要素を可視化することに役立つだろう。

参考：厚生労働省「ポータブルスキル見える化ツール（職業能力診断ツール）」
https://www.mhlw.go.jp/stf/newpage_23112.html

●デジタルスキル標準

　経済産業省が策定している「デジタルスキル標準」は、ビジネスパーソン全体がDXに関する基礎的な知識やスキル・マインドを身に付けるための指針である「DXリテラシー標準（DSS-L）」、および、企業がDXを推進する専門性を持った人材を育成・採用するための指針である「DX推進スキル標準（DSS-P）」の2種類で構成されている。

　デジタルテクノロジーの技術革新スピードは速く、常に社会に大きなインパクトを与え、変化させ続けている。そのため「デジタルスキル標準」は高い頻度で更新され続けているが、自身が持つデジタルスキルの棚卸しや身に付けるべきスキルを可視化することに有効なツールとなっている。

　リスキリングストーリーの中で営業課長の遠藤（→119ページ）は自身のITリテラシーには自信を持ちつつも、「DX」となるとついていけなかったが、DXリテラ

シー標準では身に付けるべき知識だけでなく、「社会変化の中で新たな価値を生み出すために必要な意識・姿勢・行動」としてマインド・スタンスが定義されており、これに当てはめれば今の自分に何が足りないのかを早期に可視化することができただろう。

　また「DX推進スキル標準（DSS-P）」ではデータサイエンティストやソフトウェアエンジニアの役割（ロール）や習得すべき知識・スキルが示されており、データサイエンティストを目指した佐藤（→105ページ）や、さらなる高みを目指す水島健一（→126ページ）にとっても、リスキリングの道しるべになるはずだ。

参考：経済産業省「デジタルスキル標準」

https://www.meti.go.jp/policy/it_policy/jinzai/skill_standard/main.html

3．「理解する」に対する支援（どのような学びの機会があるのか、どのような講座を選ぶのか、どのくらいの費用が掛かるのか）

「何を学び直すべきか」が明らかになっても、「学ぶ機会」がなくては学ぶことはできない。政府はさまざまな学び・学び直しの教育訓練プログラムや教育訓練機会を提供している。

●キャリア形成促進プログラム

　キャリア形成促進プログラムは、専修学校の専門課程や履修証明プログラムにおける、職業にかかわる実務に関する知識、技術および技能についての体系的な教育を行うプログラムとして、文部科学大臣が認定した教育プログラム。

　リスキリングストーリーで営業課長の遠藤（→119ページ）は最終的に独立してフリーのコーチ業を営んでいるが、コーチ業は営業課長とは異なる専門性が求められる。自身のキャリアで培ったスキルを活かしつつも、大きなキャリア転換を図る際には一定の専門教育を受けることも必要なことがある。

　キャリア形成促進プログラムは専修学校で専門知識を身に付ける上では最適なプログラムであり、一定の要件を満たすプログラムは教育訓練給付金の対象とも

なっていることから、新たなキャリアのための専門知識を集中的に身に付けたい読者は、ぜひ対象プログラムの活用を検討してほしい。

参考：文部科学省「キャリア形成促進プログラムについて」

https://www.mext.go.jp/a_menu/shougai/senshuu/1408442.htm

●第四次産業革命スキル習得講座認定制度

　IT・データを中心とした将来の成長が強く見込まれ、雇用創出に貢献する分野において、社会人が高度な専門性を身に付けてキャリアアップを図る専門的・実践的な教育訓練講座として、経済産業大臣が認定したプログラム。認定講座は一定の要件を満たせば「教育訓練給付制度」「人材開発支援助成金」の対象となる。

　リスキリングストーリーにおいて、佐藤（→105ページ）はデータサイエンティストを目指したが、データサイエンティストは高度な専門性を求められる職種であり、受講プログラムも高額のものが多い。先端技術であるAIやIoT関連の学びも同様であるが、リスキリングがコストの壁に阻まれることは非常にもったいない。夫婦でリスキリングに取り組む水島夫婦（→126ページ）のようなこれから子育てコストの大幅増が見込まれる読者も、積極的な活用を検討されたい。

参考：経済産業省「第四次産業革命スキル習得講座認定制度」

https://www.meti.go.jp/policy/economy/jinzai/reskillprograms/index.html

　学び直すための具体的な講座や教材があることが明らかになっても、実際は多くの講座や教材が乱立しており、内容も玉石混淆<ruby>玉石混淆<rt>ぎょくせきこんこう</rt></ruby>である。政府ではリスキリングのための講座をまとめたポータルサイトを運営しており、身に付けたいスキルにマッチする講座を紐づけて、情報提供を行っている。

●デジタルスキルを身に付けたい人向け：マナビDX（デラックス）

「マナビDX」は、経済産業省の外郭団体で情報処理技術者試験を運営している情報処理推進機構（IPA）が提供しているデジタルスキルを身に付ける講座を紹介す

るポータルサイトである。これまでデジタルスキルを学ぶ機会がなかった人にも、新たな学習を始めるきっかけを得られるよう、デジタルスキルを学ぶことのできるさまざまな学習コンテンツが紹介されている。掲載している講座の中には、受講費用の補助が受けられる講座も存在する。

取り扱われている講座としては、経済産業省の審査基準を満たしたDXに関する講座を探すことができる。また、新しい知識やスキルを習得したいが、何をどのように学んだらよいかわからない人のため、経済産業省・情報処理推進機構（IPA）で策定した統一基準（デジタルスキル標準）も掲載されている。基礎的な知識・スキルを身に付けた人向けには、より実践的な講座も掲載されている。

リスキリングストーリーの水島健一（→126ページ）は応用情報技術者試験に合格したが、デジタルテクノロジーを活用した職種におけるキャリア形成を進めていく読者にとって、受講すべきプログラムを選択する際の一助となるはずだ。

参考：マナビDX

https://manabi-dx.ipa.go.jp

●日本リスキリングコンソーシアム

民間団体を中心にリスキリングをサポートする取り組みも広がっている。日本リスキリングコンソーシアムは、国や地方自治体、民間企業が一体となって、リスキリングを促す試みだ。

さまざまな企業によるトレーニングプログラムの提供や就職支援、副業・フリーランス・アルバイトの幅広いジョブマッチングの機会の提供など、パートナーシップの輪を広げることで、全国の人々が学び続ける機会を創り出すことを目的としている。

主幹事はグーグル、特別推進パートナーとして経済同友会がおり、後援として総務省、経済産業省、厚生労働省、デジタル庁のほか、多くの地方自治体が名を連ねている。

コンソーシアムはリスキリングパートナーと呼ばれるコンソーシアムのウェブサ

イトを通じてトレーニングプログラムの提供をしているパートナー企業・団体と、ジョブマッチングパートナーと呼ばれる就職支援サイトを運用しているパートナー企業・団体とがあり、多様なプログラムによるデジタルスキル向上と就職希望者への就職支援を行っている。採用募集を行っているスタートアップパートナーも存在する。

　会員登録すると、デジタルスキルを中心とした初級から上級までのレベルに合わせた1,000以上のプログラムを受講することができるほか、キャリアアップに必要なプログラムがリコメンドされる機能や受講履歴を管理するマイページ機能も実装されており、リスキリングのサポートが充実している。

　プログラムの受講後は上部マッチングパートナーが運営している就職支援サイトから採用情報を検索したり、スタートアップパートナーへ採用に向けた申し込みを行うこともできる。就職活動の履歴を管理することも可能だ。

　政府による支援だけでなく、このような民間団体による個人に対するリスキリングの支援も存在する。特に日本リスキリングコンソーシアムは民間企業個社のサービスをつなぎ合わせることで個人向けリスキリング・キャリアアップを一気通貫でサポートしている点が特長だ。政府による教育訓練給付制度などとうまく組み合わせることで、是非リスキリングを加速させていただきたい。

参考：日本リスキリングコンソーシアム

https://japan-reskilling-consortium.jp/

●デジタルに限らない大学などでの学び直しに特化した社会人向け：マナパス

「マナパス」は、文部科学省から平成30年度「社会人の学びの情報アクセス改善に向けた実践研究」事業を委託した事業者が開設・運営している社会人の学びを応援するためのポータルサイトである。「マナビDX」はデジタルスキルに特化しているが「マナパス」はデジタルスキルに限らず、大学や専門学校で受講可能な幅広い講座紹介を行っている。

「分野」「資格」「給付金や奨学金などの支援」「土日・夜間開講」といった自分の

希望に沿った条件で講座内容が検索できることに加え、自分の学びのロールモデル（お手本）を探せる「在校生・修了生インタビュー」や社会のトレンドと社会人の学びを掛け合わせた情報をキャッチできる「特集ページ」が掲載されている。

リスキリングストーリーの加藤（→112ページ）は旅行先で気候変動に興味を持ち、その後会社から提供されるe-learningで気候変動の講座を受講しているが、所属企業がそのような教育機会を提供できない場合であっても、マナパスを活用すれば大学などが提供している教育プログラムを検索することができる。

興味・関心はリスキリングを進める最大のエンジンであり、大学などで学び直してみるというのはリスキリングの有効な選択肢の1つだ。

参考：マナパス

https://manapass.jp

実際に講座や教育訓練を受講しようとする際には費用が発生する。もちろん無料講座も存在するが、資格取得講座などの場合は高額な場合もある。リスキリングにおける費用面の障壁を極力最小化するため、政府は個人向けには教育訓練給付制度を提供している。

●教育訓練給付制度

社会人の主体的なスキルアップを支援するため、厚生労働大臣の指定を受けた教育訓練を受講・修了した者に対し、その費用の一部が支給される制度。給付制度は、そのレベルに応じて3種類あり、それぞれ給付率が異なる。一定レベル以上のデジタル関連資格や介護福祉士・保育士といった業務独占資格を目指す「専門実践教育訓練」に該当する場合は、最大で受講費用の70%（年間上限56万円・最長4年）が支給される。対象の教育訓練は約14,000講座であり、具体的な講座は、教育訓練給付システムで検索できる。

政府による社会人リスキリングに対する資金面でのサポートは今後も継続される見込みである。言い方を変えれば、「お金がないから学べない」は言い訳にならな

くなりつつある。ぜひ、積極的な活用を検討されたい。

参考：厚生労働省「教育訓練給付制度」

https://www.mhlw.go.jp/stf/seisakunitsuite/bunya/koyou_roudou/
jinzaikaihatsu/kyouiku.html

4.「学ぶ」/5.「新しい仕事で実践する」に対する支援（学びの実践の機会はどこか、学びを活かす職場はどこか）

　座学による学び直しの結果、資格取得ができたとしても業務での実践力を身に付けるには実践する場が必要となる。ところが、学びを実践する場が現在の職場にない場合もある。そんな社会人向けに実践機会を提供する支援策も存在する。

●職業実践力育成プログラム

　大学・大学院・短期大学・高等専門学校における、主に社会人を対象としたニーズに応じた実践的・専門的なプログラムとして、文部科学大臣が認定したプログラム。プログラムの内容は、主に実務家教員や関連企業と連携した授業やグループ討論、フィールドワークなどの科目で構成されている。

　リスキリングストーリーにおいて、中間管理職の西川（→99ページ）は所属企業のDXプロジェクトを通じたOJTの機会に恵まれ、外部コンサルタントにも刺激を受けてリスキリングを進めていったが、このような環境に恵まれている読者は稀だろう。

　だが、職業実践力育成プログラムを活用すれば、西川に似た環境を外部に求めることが可能だ。学ぶべきものが明確になっているものの、実践を通じた学びの機会を得ることが難しい読者は活用をお勧めする。

参考：文部科学省「職業実践力育成プログラム（BP）認定制度について」

https://www.mext.go.jp/a_menu/koutou/bp/index.htm

リスキリングに成功しても、現在の職場ではリスキリングの成果を十分に活かせないケースは存在する。政府は、職業情報を提供しているだけではなく、成長産業への労働移動を促すために、リスキリング後のマッチングについても支援を行っている。

●job tag（職業情報提供サイト〔日本版O-NET〕）

　職業に関する情報やキャリア分析・職業能力チェックのためのツールなど、労働者や企業が活用できるさまざまな機能を提供する厚生労働省が運営するウェブサイト。

　キャリア分析では約500の職業に求められる一般的なスキルと、自分のスキルを比較することが可能であり、自分の強みの発見や、さらなるスキルアップのためのヒントが得られる。訓練検索サイトにもリンクしており、スキルアップのための訓練を探すことも可能だ。

　そのほか、職務について、初級レベルから責任者や高度な専門職として認められるレベルまで、それぞれどのようなことが求められるかまとめられているほか、企業向けには約500の職業から、自社の職業に求められる一般的なスキルと、社員のスキルを比較できる。

　自社の社員の強みや、不足しているスキルを可視化することで、より効果的な人材活用の戦略を立てることができる、人材活用シミュレーションも可能となっている。

　リスキリングに登場するすべてのペルソナが活用できるサービスであり、リスキリングと新たな活躍の場を見出すきっかけになるサービスである。企業の人事組織に所属する読者にとっても有効だが、採用権限を持つ事業部門の人材活用戦略の検討の一助にもなるだろう。

参考：厚生労働省「job tag（職業情報提供サイト〔日本版O-NET〕）」

https://shigoto.mhlw.go.jp/User/

●リスキリングを通じたキャリアアップ支援事業

　リスキリングと労働移動の円滑化を一体的に進める観点から、在職者が自らのキャリアについて民間の専門家に相談できる「キャリア相談対応」、それを踏まえてリスキリング講座を受講できる「リスキリング提供」、それらを踏まえた「転職支援」までを一体的に実施する経済産業省が実施する事業。

　キャリア相談や転職相談を無料で受けられるほか、リスキリング講座を受講した際の費用補助や、転職後も継続的に学び直しを進めるための受講費用補助を受けることが可能となっている。

　リスキリングストーリーの水島美和（→126ページ）は出産をきっかけに営業職からマーケティング職への転向を試みているが、ライフイベントをきっかけにキャリアチェンジを考える読者は少なくないはずだ。水島美和のように次に向かうキャリアが明確な場合はよいが、多くはそれを考える暇もないほどに日々に追われ、キャリアにモヤモヤを抱えることの方が多いだろう。

　ミドル・シニアの吉川（→132ページ）も自身のキャリア・スキルを活かせる場としてGX産業が視野に入っているが、企業内のDX研修への参加で様子を見ている状況である。

　この事業はキャリア相談からリスキリング、転職まで一気通貫で支援を受けることができる。キャリアチェンジの必要性は感じつつも、悶々としてしまっている読者はぜひ活用を検討してみてほしい。

参考：経済産業省「リスキリングを通じたキャリアアップ支援事業」

https://careerup.reskilling.go.jp

　学び直しの入口であるキャリア相談からリスキリング後の転職を含めた労働移動の出口まで、厚生労働省・経済産業省を中心に、政府は網羅的な支援を個人に対して提供している。

　能力の可視化ツールはリスキリングのインフラとして今後も提供され続けるだろうが、費用負担の支援はいつまで手厚い状況が続くかは見通せない。支援が手厚

いうちに、積極的な学び直しを行っていくことが期待される。

第 **4** 章

企業によるリスキリング

01 | 企業の人事諸施策の潮流

人事施策としてのリスキリング

　企業の観点からリスキリング／アップスキリングは、人事諸施策の1つと位置付けられる。人事戦略や人事諸施策は各企業が置かれている経営環境と従業員の状況を踏まえ、経営理念、経営戦略、事業戦略と連動して各企業・組織がその能力（ケイパビリティ）を変化・維持させるものであることから、各企業で全く同じ人事諸施策とはならない（なりようがない）。同様の理由で、必ずしも最先端の方法論が正しいというわけでもない。

　しかしながら、ビジネススキームの変化、国内外の労働市場の状況、人々の働き方・志向の変化、テクノロジーの発展、国や官公庁からの要請、法律・規制の順守などの前提要件が変わることで、人事諸施策について各企業を超えた、一定の潮流が形成される傾向がある。

　リスキリング／アップスキリングは、このような潮流の1つと考えられるが、一過性のものではなく、長いスパンの潮流である。

　日本企業がDXやGXによる経営や事業のトランスフォーメーションを推進していく流れは、一過性のものではなく、今後も継続していくだろう。それを実現するためのアジャイル・スクラムやデザイン思考などの方法論、生成AIのようなテクノロジーも日進月歩で進化していくだろう。その中で各企業は、自社の「組織としての能力（ケイパビリティ：この場合は、他社と比較して優位な強み）」の持ち方を変え続けることが必要となる。

　このような観点から、リスキリング／アップスキリングは、単なる一時

的な流行ではないと考えている。人事の諸施策は、人事部門の専権事項のように考えられることが多いが、特に採用・配置・育成・活用などのタレントマネジメントについては、必ずしもそうではない。確かにCoE(Center of Excellence)、HRBP（HR Business Partners）、Operationsといった、いわゆる「ウルリッチモデル*」に代表されるような人事機能の分担はあるが、本質的にタレントマネジメントはビジネスの現場で行われるものである。

＊デイビッド・ウルリッチ（David Ulrich）による「戦略人事を実現する機能」

1. BP（ビジネスパートナー）：人事部門は経営者のビジネスパートナーとして経営に参画すべき。

2. OD&TD（組織開発&人材開発）：従業員に経営目標を浸透、達成させる組織作り・人材育成。

3. CoE（センター・オブ・エクセレンス）：「戦略人事」を実現する「優秀な人事部」として機能。

4. OPs（オペレーションズ）：従来までの人事業務＝入社事務や労務管理。

人事機能は人事部門のみにあるのではなく、現場のリーダー、マネジャー（グループ・全社レベルで言えば経営層）は、自身のビジネス、業務を高度化・効率化させ、いかに従業員の士気を上げてパフォーマンス向上させるかについて、人材面での諸施策として現場で企画・実行していく。

例えば、私たちが2023年8月に公開した「デジタル人材育成に関する実態調査」（→次ページ図4-1）によると、デジタル人材の育成施策を進めているのは人事部門以外にもDX推進部門、経営企画部門などがあり、人事部よりDX推進部門が主体で推進しているケースのほうが多かった。

参考：デロイト トーマツ コンサルティング「デジタル人材育成に関する実態調査2023」（2023年）

https://www2.deloitte.com/jp/ja/pages/human-capital/articles/hcm/digital-hr-development-survey2023.html

デジタル以外でも、各事業部門、R&D部門やIT部門など、現場の必要に応じて、タレントマネジメント施策を企画・推進するケースが増えていると認識している。

図4-1 デジタル人材育成の主管組織

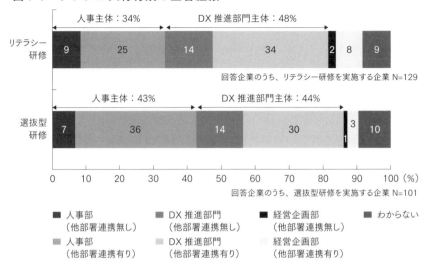

Q20: 貴社において育成プログラムを主管している部署、および他部署との連携状況として近いものを選択してください。（単一回答）

出典：デロイト トーマツ コンサルティング

　ここ数年来、日本でも多くの企業が導入しているWorkday、SAP Success Factors、Oracle HCM Cloud、カオナビなどのタレントマネジメントシステムは人事部門のみならず、現場で活用できるようにデザインされている。

　グローバル発のタレントマネジメントシステムは、グローバル企業における人事諸施策や人事運用のベストプラクティスをベースとしていることから、グローバルでは現場でのタレントマネジメントが標準的な考え方になっていることがわかる。

グローバル視点から見た人事のトレンド

　次に、グローバルにおける人事の潮流について紹介していきたい。

　私たちは、2011年以降、毎年グローバルベースでの人事領域のトレンドを調査する、「Global Human Capital Trend Survey（以下、Trends）」を発

行している。Trendsは毎年1万人規模のビジネスパーソンに回答いただいており、人事領域においては世界最大規模のサーベイと言ってよいだろう。

グローバルのサーベイと言うと、結局は米国主体のサーベイになりがちだが、Trendsはデロイトのグローバルネットワークを駆使して実施されており、日本も含めた世界各国が参画している。

2023年版についてはグローバル105か国のビジネス部門、および人事組織のビジネスパーソン約1万人に回答いただいた。回答者の23%が取締役および執行役員であり、79%以上が課長相当以上の管理職となっている。

Trendsは毎年人事領域におけるさまざまなトレンドを扱っているが、これまでで最も大きな変化点は2016年であった。（表題：The new organizations: Different by design）

この中では、組織デザイン（チーム型組織）、カルチャー、エンゲージメント、エンプロイーエクスペリエンス、デザイン思考、データ利活用（ピープルアナリティクス）、デジタルHR、ギグエコノミーなどが語られていた。

正直、発表当時は筆者自身もピンとこない面も多かったのだが、今、これらのトピックは、人事領域で普通に語られている内容になっているのはご存じのとおりである。

かつて日本はグローバルのトレンドから少なくとも2〜3年は遅れている印象があったが、最近はほぼタイムラグなく、同様の関心を日本企業が持つようになってきている。これは、日本企業のキャッチアップ力が早まってきていることや、コロナ禍を契機として、多くの国で同様の人事課題を経験したことが影響していると思われる。

そして、2023年版Trends（表題：New fundamentals for a boundaryless world）は、2016年以来の大きな変化点を示唆する内容になっている。

全体的なコンセプトは、「境界のない世界の新しいあり姿とは」である。

技術の進歩や不連続的な環境変化により、これまで仕事や組織を規定してきた「境界線」が揺らぎ、曖昧になる世界の未来予想図と、それへの

対策としての、組織・人材マネジメントの基盤再構築に向けたチャレンジを提示している。

Trendsによると、これまでの一世紀は「仕事は固定的で反復的」という前提で組織・人事がデザインされてきたと考えられており、具体的には、次のような特徴があった。

1. 仕事は明確に定義されたプロセスにまとめられる
2. ジョブは分類され組織内で必ず完遂することができる
3. 仕事は職場という壁の内側で行われる
4. 組織は株主と収益を中心に意思決定を行うことができる

次の一世紀における組織・人事の前提は、「仕事は流動的で機敏」である。この1〜4がどのように変化していくのか考察してみたい。

1.仕事は明確に定義されたプロセスにまとめられる

環境の変化が激しく、必ずしも仕事の正解が見えない状況の中では、これまでのように「仕事には決まったゴールがあり、その実現のための検証されたプロセスを踏めばよい、いわゆるウォーターフォール的なもの」ではなくなる。

デザイン思考やアジャイル・スクラムに代表されるように、一定の仮説を持ったうえで、顧客のフィードバックを受けながらよりよいものにしていくという進め方になる。

これは、必ずしもすべての仕事に当てはまるわけではないものの、多くの仕事が、変化に対して機敏に反応しやすく、より流動的なものになっていくと考えられる。

また、私たちが2023年に発行した「スキルベース組織—新たな仕事と労働者のモデル」における調査結果によると、経営者、労働者ともに、ジョ

ブと仕事の新しいアプローチを必要としていることがわかった。それは、「仕事の細分化」や「仕事の拡張」である。

- 仕事の細分化：労働者が自分のスキルや興味に合わせてタスク、アサインメント、プロジェクトを流動的に渡り歩けるようにすること
- 仕事の拡張：解決すべき問題や達成すべき成果を中心に、労働者の役割（ロール）と責任を構造化すること

出典：デロイト トーマツ コンサルティング「スキルベース組織―新たな仕事と労働者のモデル」（2023年）
https://www2.deloitte.com/jp/ja/pages/human-capital/articles/hcm/skills-based-organization.html

スキルベース組織への移行により、従業員とジョブの1対1関係から（従業員としてカウントされるかどうかにかかわらず）労働者を「スキルのポートフォリオを持つ唯一無二の個人」と見なした、仕事とスキルの多対多関係へと変化していくことが示唆されている。

2. ジョブは分類され組織内で必ず完遂することができる

これまで、欧米企業（特に米国系）においては、ジョブが仕事の単位であり、それに基づいて組織や人事のルールが定められていた。

しかし、コロナ禍においては多くの企業が生き残りのため、ビジネスの変化にスピーディに対応したり、これまでにないビジネスを推進していくため、従業員は自身のジョブの範囲を超えて、流動的に仕事をする必要が生じてきた。

さまざまな人達が自らのスキルを活かして連携し、目指すゴールが大きければ大きいほど自社内だけでなく、社外の企業・組織とも連携してプロジェクトを推進する必要があった。

コロナ禍前からこのような社内・社外の連携は増加する傾向にあったが、コロナ禍を契機とした必要性から、より個人の可能性やスキルを重視・活用する方向へ加速がついたのではないかと思われる。

3 仕事は職場という壁の内側で行われる

コロナ禍前までは、仕事は職場で行うことが当たり前だった。自宅やオフィス以外の場所で仕事をすることは、海外のみならず日本でも一部で行われていたものの、コロナ禍では世界中、職場以外の場所で仕事が行われたのは、すべての労働者・企業にとって初めての経験であった。

私たちは2020年4月〜2021年4月の計4回にわたり、日本国内にて「新型コロナウイルスに対するワークスタイル及び課題対応調査」を実施したが、リモートワークに対して、当初から従業員はポジティブ、企業はどちらかというとネガティブな意見が聞こえており、第4回では、従業員は週2回以上の在宅勤務を含めたハイブリッドを志向する一方、企業側は週5出社派とハイブリッド派に分かれていた。その後、出社への揺り戻しも含めて、各社各様の取り組みになっているのはご承知のとおりである。

出典：デロイト トーマツ コンサルティング「新型コロナウイルスに対するワークスタイル及び課題対応調査」
https://www2.deloitte.com/jp/ja/pages/human-capital/articles/hcm/result-of-work-style-with-covid-19-survey.html

4 組織は株主と収益を中心に意思決定を行うことができる

これまでとは異なり、株主と収益以外の要素として「社会の中で企業がサステナブルに成長していく」という側面が重要視されてきており、ESG（Environment［環境］・Social［社会］・Governance［企業統治］）が各企業における意思決定の中心になってきている。欧州・米国・日本を中心とした開示基準への対応だけでなく、経営戦略に社会課題の対応を盛り込むことが不可欠になっている。「Social」においては人権や従業員の価値向上が大きく取り扱われているようになっているのも、これまでと違う大きな変化と言える。

このような仕事の変化を背景として、2023年の「Trends」ではジョブ、テクノロジー、職場、労働者のデータ、労働者の交渉力、タレントエコシステム、DEI、サステナビリティ、人的リスクといった9つの観点から、今後のトレンドを提示している。（図4-2）

図4-2　9つのトレンドのキーポイント

テーマ	これまでのあり方	今後のトレンド
ジョブ	■ 確立された職務が組織構造を決定 ■ 職務で仕事とポジションを管理	■ **スキル**に基づくジョブの定義、スキルに基づく配員 ■ 労働者の**スキルに関するデータ**の収集と活用
テクノロジー	■ 業務の自動化、生産性の向上 ■ コミュニケーションツール	■ テクノロジーによる**分析とリコメンド**の活用 ■ それによる**個人・チームのパフォーマンスの向上**
職場	■ 物理的な場所 ■ 組織から指定される場所	■ 物理/オンライン/ハイブリッドな環境の整備 ■ 仕事の目標や文化に即して、**労働者が選択できる権限**を付与
労働者のデータ （職場行動・つながり・属性）	■ 組織が保有・管理 ■ 組織として有効な活用手段を模索	■ 労働者もデータの価値を踏まえ、その所有を主張 ■ 組織と同様に**労働者の利益のためにデータを活用**
労働者の交渉力	■ 仕事内容やキャリア機会を観点とした企業の選択	■ **労働者の変化の理解**（「価値観の違い」を理由としたアサイン拒否や退職） ■ 労働者が組織において強く関心を持つ事項（ESGやDEIなど）に焦点をあてる
タレントエコシステム	■ 価値が高く戦略的に重要なスキルや業務の外部（フリーランス/ギグ）依存傾向が高まる	■ タレントエコシステム、**オープンなワークフォースプラットフォーム**の構築 ■ 「受発注関係」から「**共創パートナー**」への発想の転換
DEI （多様性・公正性・包括性）	■ 活動・姿勢を重視、達成度合いはほとんど考慮されない ■ 個人の論点の解決を重視	■ 活動の「**実績**」や、**組織全体の「公平性」**の論点へ移行 ■ **ビジネスに内包されるもの**として改めて位置付け（イノベーションや利益などとのつながり）
サステナビリティ	■ 企業運営における排出量削減といった"モノ"のサステナビリティに力点	■ サステナビリティに取り組む**企業文化**、仕事に落とし込む**知識・スキル**の教育 ■ 非人道的業務の排除といった「**ヒト**」のサステナビリティ
人的リスク	■ 生産性や離職率などの結果指標	■ 環境/社会/技術/政治/経済などの外部要因が人間の生活に与える影響の把握 ■ 自身の組織における**リスクの分析・先読みによるアジリティの確保**

出典：デロイト トーマツ コンサルティング

これら9つのトレンドのうち、大きな変化を抽出したものが図4-3である。

図4-3　大きなインパクトをもたらす変化

ジョブ	スキル
従業員	タレント・エコシステム
どこで仕事をするか	どのように仕事をするか
業務の自動化・拡張	人・チームのパフォーマンス向上
生産性のためのテクノロジー活用	人の創造性・スキル向上のための活用
雇用主主導	労働者の交渉力の台頭

出典：デロイト トーマツ コンサルティング

　リスキリングに大きく影響するのは、「**ジョブ**から**スキル**への変化」であろう。長らくジョブ型の人材マネジメントが主流であり、常識とも言える欧米企業の一部で、ジョブ型に代わる新しい人材マネジメントモデルである「**スキルベース組織**」の導入が進んでいる。スキルベース組織については、私たちの「スキルベース組織－新たな仕事と労働者のモデル」をご参照いただきたいが、全体感については、デロイトWebサイトの「日本語版発行に寄せて」から一部抜粋をご紹介したい。

　──ジョブ型に代わる人材マネジメントモデルとして「スキルベース組織」が広がりつつある──という本稿の冒頭メッセージを見た時、皆さんはどのようなことを想像するだろうか。日本において、以前は大半の企業が、今でも少なくない数の企業が採用している職能型の人事制度が頭に浮かんだ人もいるのではないだろうか。果たして、欧米企業の一部は本当に職能型の人事制度の導入を始めたのだろうか。当然、答えは否である。〔中略〕
　スキルベース組織とは、メッシュを細かくすることによって、ジョブ型と職能型を同時に行おうとする試みである。すなわち、テクノロジーを駆使して、ジョブよりも細かい「タスク（業務や作業）」と、人ではなく一人ひとりが持っている「知識やスキル」のマッチングを組織の至るところで行うのだ。そして、より細かいメッシュで人と仕事

を結びつけることにより、変化の激しい昨今の事業環境に対応できるアジリティ（機敏さ）を高めること、組織と人の硬直性を打破しイノベーションを起こす土台を作ること、そして従業員の成長機会やキャリアを広げようとしているのである。──

出典：デロイト トーマツ コンサルティング「スキルベース組織─新たな仕事と労働者のモデル」（2023年）https://www2.deloitte.com/jp/ja/pages/human-capital/articles/hcm/skills-based-organization.html

　次ページの図4-4に示すとおり、スキルベース組織とは、評価や報酬の一部をスキルベースに変えるものではなく、仕事そのものの捉え方や仕事と人とのマッチングの仕方をスキルベースに変えることで、組織の運営や人材マネジメントを行う基盤そのものを大きく変える試みである。

　また、このフレームワークの運営には、社内だけでなく社外も含めて仕事と人とのマッチングを担うタレントエコシステム、スキルを含む人材のデータ、仕事のデータ、さらにそれらを管理、マッチングしていくテクノロジーの進化が不可欠となっている。

　このスキルベース組織は、現段階では欧米企業でもまだ一部の企業での導入であり、さまざまなチャレンジが必要であると思われるが、今後、日本企業に浸透していくものであろうか？

　私たちがタレントエコシステムに関するプロジェクト支援を行ったり、「タレントマッチング」というアセット導入や関連したコンサルティング支援を行っている中では、日本企業においても、スキルベース組織の流れが確実に起きている。また、人的資本経営の文脈においても、人材ポートフォリオの動的な組み換えや、従業員に多様な成長機会を提供するという観点から、スキルベース組織は親和性が高いと思われる。

　この「日本語版発行に寄せて」にもあったとおり、これは職能型への回帰ではない。職能型においては、どうしても人材の概念が強調され、仕事という概念が（少なくとも人事諸施策の観点からは）不明瞭になりがちであるが、スキルベース組織は、仕事の細分化あるいは拡張が必要なことから、

まずは仕事という概念が明確になっている必要がある。その意味では、現在多くの日本企業が取り組んでいるジョブ型を一旦経由したうえで、このスキルベース組織に移行していくというシナリオが考えられる。

図4-4　スキルベース組織 一仕事と労働者のための新しいモデル

出典：デロイト トーマツ コンサルティング

次に、日本において大きな潮流となっている「**人的資本経営**」について触れていきたい。人的資本経営は、今後数年間のみならず、それ以上のスパンで継続していくものと思われ、リスキリングとも深い関連がある。

　人的資本経営については、さまざまなところで議論が行われており、もちろん私たちもさまざまな発信を行っているので、ここでは深く触れないが、ポイントとしては次のようなものがある。

- 経営方針・事業戦略と人材・人事戦略を連動させる

- その連動のありようを「価値創造ストーリー」としてまとめ、社外だけでなく社内ともコミュニケーションする（社外への開示・対話が重要だが、社内の経営層・従業員との対話はより一層重要）

- 価値創造ストーリーには、これまで人材・組織の枠組みの中で語られてきたありとあらゆる人事諸施策（人材方針、人材ポートフォリオ、人材マネジメント、採用・外部連携・育成・配置・処遇・退職など、DEI、カルチャー、チェンジマネジメント、人事機能、人事に関するデータ、人事テクノロジーのすべて）が含まれる

- 人材を資源（リソース）として見るのではなく、無形資本として見るため、人材の「成長」への投資と、それによる新たな企業価値の創出が求められる

- 価値創造ストーリーを実現するためのよりどころがKPIであり、各国の開示ルール（欧州CSRD、米国WIDA、日本SSBJ）や報告フレームワーク（SASB/IIRC、GRI、ISO30414）などを踏まえる必要がある

- KPIをマネジメントするには、データの取得・管理とそれによる課題抽出・対応が必要である。それには人事テクノロジーの整備（タレントマネジメントシステムだけでなく、エンゲージメントやコミュニケーション・ネットワークのデータを取得する新たなソリューションなど）、およびそれらデータの利活用が不可欠となる

- これらの仕組みを運用していくために、CHROの役割（ロール）が大きく変わる（具体的には、CEO、CFO、CIO、CDO、サステナビリティ部門との連携と対話、社外との対話・発信など）

図4-5 人的資本を起点とした価値創造ストーリーの具体化に必要なポイント

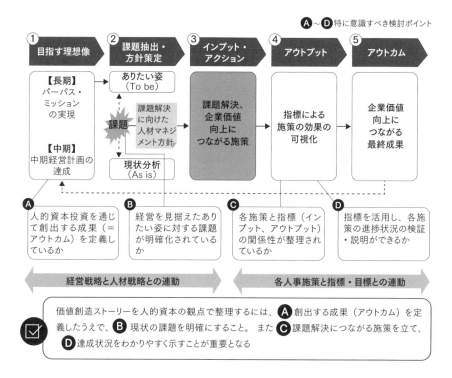

出典：デロイト トーマツ コンサルティング

　人的資本経営において、特にリスキリングと関連が深いのは、「人材の成長への投資とそれによる新たな企業価値の創出」という考え方であろう。

　この価値創造ストーリー（図4-5）のポイントの中で特に関連が深いのは、③の「インプット・アクション」にあたる、あらゆる人事諸施策のうち、「人材ポートフォリオ」「採用・育成・配置・処遇」「カルチャー」になる。

　経営戦略・事業戦略を実現するため、人材ポートフォリオを社外も含めてダイナミックに変え続けていく必要があるとすれば、それを実現するには人材を採用するか、外部連携するか、育成・再配置するかしかない。

また、今後のビジネスを推進するために組織としての能力（ケイパビリティ）が不足しているなら、企業としては既存人材のアップスキリングだけでなく、人材の採用や外部連携、リスキリングを行うことで、そのギャップを埋め続ける人事施策が必要になる。

　企業にとって、人材育成そのものが目的化しがちであるが、リスキリングを価値創造ストーリーの実現手段としてデザインし、実践していくことを期待したい。

　最後に、リスキリング／アップスキリングにおいて現在各企業とも注力するデジタル人材育成の取り組みについて、私たちが2023年8月に公開した「デジタル人材育成に関する実態調査」を用いて紹介したい。

　本調査は、企業調査と個人調査からなっており、企業調査については、252社（うち38社はDX銘柄企業あるいはDX認定企業で、DX先行企業としている）の経営企画部門、DX推進部門、人事部門の担当者から回答をいただいた。

　個人調査については、全国の20代〜50代男女の勤労者、高等学校卒業に加え、専門的な職業訓練修了以上を修了、会社役員、会社員、契約社員・嘱託社員、自営業・フリーランスに該当する方を対象に実施した。

　スクリーニング調査として119,326名、本調査においては、デジタル人材（調査で提示したデジタル人材14職種のうちいずれか1つ以上を経験）4,103名、非デジタル人材2,284名という規模になっている。

　企業のDXへの取り組み状況については調査対象とした252社のうち95%が「デジタルトランスフォーメーション（DX）に取り組んでいる（75%）」あるいは「検討している（20%）」。また、約半数はデジタル人材育成に取り組んでいた。（→59ページ・図1-17）

　次に、デジタル人材育成に関する企業の取り組み状況について確認していきたい。

調査対象の全企業において、全体の約半数（52%）がデジタル人材の育成・研修を実施している。

　一方で、人材ニーズの定義・定量化（＝人材ポートフォリオの策定）やデジタル人材の育成計画策定、および一定の研修を受けた方々に対してよりパフォーマンスを出すことにつながる実践機会の提供という、育成・研修の前後の施策については実施率が低いことがわかる。（図4-6）

図4-6　デジタル人材の育成に関する施策の実施率（全体）ー施策分野別

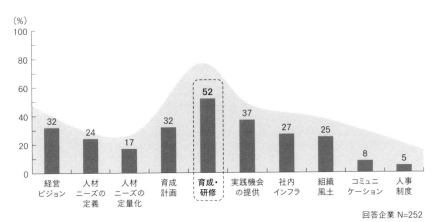

回答企業 N=252

Q12: 貴社における DX 推進に伴う人事施策の取り組みについて、あてはまるものをすべて選択してください。（複数回答）

出典：デロイト トーマツ コンサルティング

　次に、施策実施率について、一般企業とDX先行企業の比較を行ったところ、育成・研修の実施率に差がついているだけでなく、全般的に各施策において差がついている。

　その中でも、デジタル人材育成の前提となる、経営ビジョン（経営理念・経営ビジョンの中でDXに関する方針が明確になっている）、人材ニーズの定義、育成計画、実践機会の提供、組織風土については施策の実施率において大きな差がついている。（図4-7）

ただし、人材ニーズの定量化、コミュニケーション、人事制度は実施率の差も大きくないため、DX先行企業においても今後の課題になっているものと思われる。

図4-7　デジタル人材の育成に関する施策の実施率（一般企業/DX先行企業）
　　　　－施策分野別

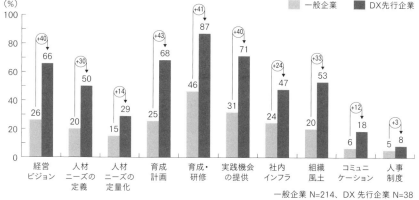

一般企業 N=214、DX 先行企業 N=38

Q12: 貴社における DX 推進に伴う人事施策の取り組みについて、あてはまるものをすべて選択してください。（複数回答）

出典：デロイト トーマツ コンサルティング
調査の集計結果は小数点を四捨五入して表示しており、内訳と一致しない場合があります。

　そして、各施策の課題認識について、一般企業とDX先行企業の比較を行った。一般企業においては、実施率の低い施策に関する課題感が強いものになっている。

　DX先行企業においても、人事制度については同様の傾向が見られるが、一方で、実践機会の提供、人材ニーズの定義、育成計画については実施率が高いにも拘わらず課題認識の数値が高いことから、DX先行企業といえども今後の課題と捉え、継続的に模索しているように思われる。（→次ページ・図4-8）

　特に、実践の場の提供については、DXの現場が必要なため、自社だけ

では解決しにくい課題であると思われることから、DX先行企業が実践の場を提供するような企業横断的なスキームが必要になると考えている。

図4-8 デジタル人材の育成に関する施策の課題認識（一般企業/DX先行企業）**ー課題分野別**

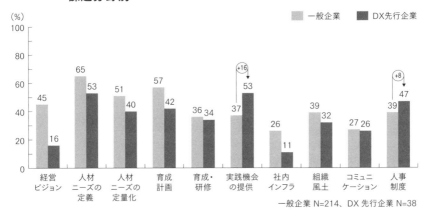

一般企業 N=214、DX 先行企業 N=38

Q37: 貴社におけるデジタル人材の育成の在り方について、課題となっているものを選択してください。（複数回答）

出典：デロイト トーマツ コンサルティング
調査の集計結果は小数点を四捨五入して表示しており、内訳と一致しない場合があります。

02 | 企業によるリスキリングの
ステップ

　これまでにも触れてきたが、リスキリングは手段であって目的ではない。企業の経営戦略、すなわち中長期的な事業ポートフォリオの計画を実現するため、人的資本の観点からどのような**人材ポートフォリオ**（→215ページ）が求められるのか。現状とのギャップを解消するため、質的・量的な観点からどのように人材を確保していくのか。その手段の１つとしてリスキリングは位置づけられる。（図4-9）

図4-9　企業によるリスキリングステップの全体像

ステップ 1 人材ポートフォリオ策定	ステップ 2 人材確保施策検討	ステップ 3 リスキリング施策の実行
■ 戦略、中長期的な事業ポートフォリオの実現に向け、質・量の面から数年後のあるべき「人材ポートフォリオ」（To be）を定義	■ To be/As is のギャップを解消するための確保（採用 or 外部委託）・配置・育成・評価・処遇方針を策定	■ 確保〜処遇に至る施策を実行
■ アセスメントや人事評価等を通じて、現状の「人材ポートフォリオ」（As is）を可視化	■ 上記を踏まえ、リスキリングに向けた育成体系を整備し、各種施策を計画	■ 特に、リスキリング上の課題（関心の壁、行動の壁、手段と時間の壁、活躍の壁）を突破するための各種施策・支援策を整備・実行

出典：デロイト トーマツ コンサルティング

質的・量的な「あるべき姿」を実現するにあたり、その手段は「確保（採用/外部委託）」「異動・配置（人材シフト）」「育成（リスキリング）」「評価」「処遇」が挙げられるが、米国に比して解雇規制の強い日本においては、特に「育成（リスキリング）」の重要性が高い。

　逆にリスキリングできずに会社への貢献度が低いまま滞留してしまうことが、日本企業における伝統的な課題になっている。

　リスキリングを実践する、もしくはできた人材に対し、適切に評価し、処遇しなければ、社員個々人の納得感も得られず、場合によってはリスキリングによって得られたスキルを活かせる別の会社に流出してしまう可能性もあるだろう。

　加えて、リスキリングの目的である「あるべき人材ポートフォリオの実現」について、経済産業省「人的資本経営に関する調査 集計結果」（令和4年5月）によると、「実行した結果として、成果創出に明確に寄与している」「対応策を実行済みであり結果を踏まえ必要な見直しをしている」「対応策を実行している」と回答した企業の合計は、18.1%となっている（対応策検討中の企業は33.8%）。

　私たちが行った「デジタル人材育成に関する実態調査2023」では、「人材ニーズの定量化」を行っている企業は17%に過ぎない。目的なく「リスキリング」や「学び直し」を社員に唱えたとしても、どのような人材になればよいのか、どのようなスキルを習得すべきなのかがわからないままであり、実効性は低い。リスキリングを推進していくにはまず、人材ポートフォリオを定義することが求められる。

出典：デロイト トーマツ コンサルティング「デジタル人材育成に関する実態調査2023」（2023年）
https://www2.deloitte.com/jp/ja/pages/human-capital/articles/hcm/digital-hr-development-survey2023.html

ステップ1 人材ポートフォリオ策定

　一般的に「**人材ポートフォリオ**」という言葉はよく使われるが、この言葉は「事業ポートフォリオ」の人材版として利用される。端的に言えば、「**経営・事業戦略に基づいて配置された人的資本の構成内容**」という意味になるが、ここではまず、「事業ポートフォリオ」から説明していく。

　事業ポートフォリオとは、企業における事業や機能（または類似性や親和性で一定の事業の塊で類型化した事業群・機能群）**を、短期・中長期的な成長性や収益性などの観点から可視化し、企業としてどの事業に資源**（ヒト・モノ・カネ）**を分配するのかを決定すること**である。

　この「資源の分配・再分配」について、ヒトに焦点を当てたものが人材ポートフォリオである。事業ポートフォリオを実現するために、必要な人的資本を質・量の観点から「To be（あるべき姿）」として定義する。一方で、「As is（現状）」も併せて可視化し、そのギャップを把握する。

　そのため、**人材ポートフォリオの策定は事業ポートフォリオ実現に向けた手段であり、手段が目的化しないよう人材ポートフォリオ単独で考えるべきではない。**あくまで事業のあるべき姿実現に向けて、人材のあるべき姿を検討すべきである。

　では、「事業ポートフォリオをインプットに人材ポートフォリオを描く」とは、具体的にどのように検討を進めるのか。事業ポートフォリオにもさまざまな整理・構造化する手法がとられているが、1つの例として「プロダクトポートフォリオマネジメント（PPM）」のフレームワークを紹介する。

　PPMは1970年代にボストン・コンサルティング・グループ（BCG）の開発した製品、および事業のポートフォリオのフレームワークを指す。

　縦軸に市場の成長性、横軸に自社事業・製品の市場占有率を取り、自社事業をプロットすることによって、企業が展開する複数の製品・事業の戦略の方向性を検討する。縦軸・横軸によって区分される象限によって、

①問題児（積極投資対象）、②花形（投資維持対象）、③金のなる木（投資抑制・収益確保対象）、④負け犬（縮小・撤退対象）を見極める。

図4-10に沿って、事業A〜Dを保有する企業を例に挙げてみる。

事業Aの市場については成長性・市場占有率も高く、現在も行っているヒト・モノ・カネの投資を継続、さらには生産性の向上により、さらなる売上拡大と収益性の拡大を目標としていた。

事業Bについては、規模や市場占有率は高くないものの、市場の成長性が高く、積極的に投資を行うことにより、市場占有率の拡大を目指している。一方、事業Cについては成長性も市場占有率も低く、撤退を検討しており、事業Dについては市場占有率・売上ともに高いため、効率化を図りながら収益確保を図っている。

図4-10　事業ポートフォリオの一例
**　　　　プロダクトポートフォリオマネジメント（PPM）**

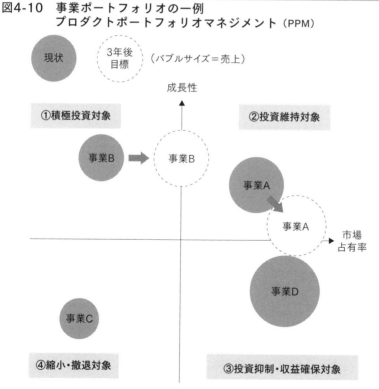

出典：デロイト トーマツ コンサルティング

このような事業ポートフォリオを実現するため、人材面で各事業における投資や生産性向上の方針を踏まえ、検討する。図4-10に沿って説明すると、

　事業Ａは投資の継続、生産性向上を方針としていたことから、生産機能においてロボティクスやAI活用で自動化、人的余力を創出し、一部の人材を営業機能にシフトする計画を策定した。もちろん、工場のオペレーターや生産管理を行っていた人材をそのまま営業企画に異動しても、すぐに活躍してもらうことは難しい。そのため、会社として必要なリスキリング施策を実施した上で異動を行う。

　事業Ｂについては、成長市場での事業展開であるため、人材面でも積極的な投資を行う。すなわち、縮小・撤退する事業Ｃ、ならびに投資抑制を行う事業Ｄより、人材シフトとリスキリングを通じて要員を拡大する。

　事業Ｄについては、市場が成熟してきており、生産機能や営業機能において自動化・効率化することによって、人的余力を生み出す。さらに、人事・総務・経理のコーポレート機能、特に事務系の仕事についても、各種システムの導入によって自動化・効率化し、事業Ｂやコーポレートの企画業務へリスキリング・人材シフトを行う。

図4-11　人材ポートフォリオの一例

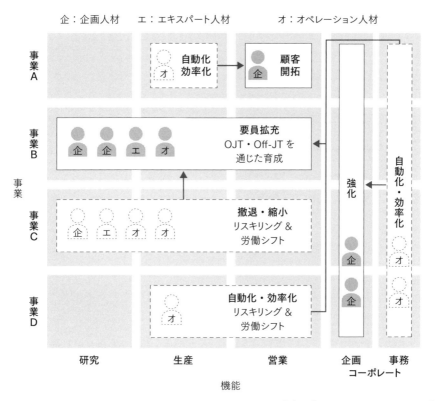

出典：デロイト トーマツ コンサルティング

　このように、事業ごとの投資方針を踏まえ、事業の生産性向上を通じて人的余力を創出し、リスキリングを実施した上で注力事業に人材シフトしていくのである。(図4-11)

　特に近年は技術の進化により、AIやRPA、各種システムを通じた自動化・効率化により、オペレーション業務に必要な要員数は減少しており、企画業務を担える人材へのリスキリングニーズが高まっている。

ここまでは一般的な事業ポートフォリオ・人材ポートフォリオの策定について説明したが、近年はDX文脈でデジタル人材の人材ポートフォリオを策定することが求められている。質的な側面では必要なデジタル人材の役割（ロール）・人材像具体化、量的な側面では各人材像の必要な人数を定義することが重要である。（図4-12）

図4-12　デジタル人材ポートフォリオの一例

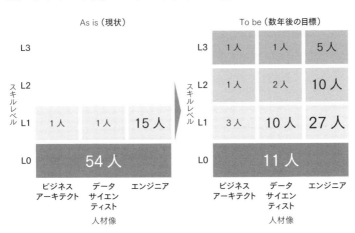

出典：デロイト トーマツ コンサルティング

　役割（ロール）や人材像という「職種・領域軸」と、「能力・スキルレベル軸」という点で整理すると、ステップ2で検討する人材確保施策につながりやすい。

　例えば、専門的かつ高度なレベルが求められる人材（例えばデータサイエンティストとして全社の専門部隊をリードする人材）については、育成施策だけでは確保まで何年も要してしまう。そのため、外部から一本釣りで採用してくるという施策につなげる。

　また、To be（数年後の目標）だけでなく、As is（現状）を把握することも

重要だ。現有人材の過不足を確認することで、初めて As is と To be の
ギャップを把握することができる。

　As is の把握方法として最も一般的なのは人事評価結果であるが、特に
国内大手企業では汎用的な能力（例えば企画力、実行力、対人折衝力）で定義
していることが多く、人材ポートフォリオを策定するにあたり、本当に欲
しい情報が手に入らないことが多い。

　そのため追加的に、もしくは別途、アセスメント（評価・分析）を実施す
るニーズが高まってきている。

　例えば、デジタル人材のアセスメントを実施する際には、経済産業省・
情報処理推進機構（IPA）が公開している「デジタルスキル標準」を活用す
ることができる。詳細は Web サイトをご確認いただければと思うが、ビジ
ネスパーソンが普遍的に有するべきデジタルリテラシーと、ビジネスアー
キテクト・デザイナー・データサイエンティスト・ソフトウェアエンジニ
ア・サイバーセキュリティという5つの人材類型を定義しており（さらに各
人材類型を細分化した役割［ロール］という定義も存在）、それぞれの類型に必要
なスキル項目や学習例を定義している。（→267ページ・図5-7）

　特に、図4-13は ver1.1 となっているとおり、加速する環境変化・技術の
進化に応じて随時アップデートされていくものであり、先端的な項目とし
て活用することが可能だ。

　なお、筆者がコンサルタントとして企業のアセスメントを支援するにあた
り、「アセスメントの精度は高めたいものの、精緻に行おうとすると現場の
負担が増すので、バランスが難しい」という実務上の課題がよく発生する。

　アセスメントの実施方法は、「自己評価」「上司または専門部署による評
価」「資格や過去実績との紐づけによる測定」「外部アセッサーによる評
価」といった選択肢、もしくはこれらの組み合わせが想定される。

図4-13 デジタルスキル標準 ver1.1 共通スキルリスト

カテゴリー	サブカテゴリー	スキル項目
ビジネス変革	戦略・マネジメント・システム	ビジネス戦略策定・実行
		プロダクトマネジメント
		変革マネジメント
		システムズエンジニアリング
		エンタープライズアーキテクチャ
		プロジェクトマネジメント
	ビジネスモデル・プロセス	ビジネス調査
		ビジネスモデル設計
		ビジネスアナリシス
		検証(ビジネス視点)
		マーケティング
		ブランディング
	デザイン	顧客・ユーザー理解
		価値発見・定義
		設計
		検証(顧客・ユーザー視点)
		その他デザイン技術
データ活用	データ・AIの戦略的活用	データ理解・活用
		データ・AI活用戦略
		データ・AI活用業務の設計・事業実装・評価
	AI・データサイエンス	数理統計・多変量解析・データ可視化
		機械学習・深層学習
	データエンジニアリング	データ活用基盤設計
		データ活用基盤実装・運用

カテゴリー	サブカテゴリー	スキル項目
テクノロジー	ソフトウェア開発	コンピュータサイエンス
		チーム開発
		ソフトウェア設計手法
		ソフトウェア開発プロセス
		Webアプリケーション基本技術
		フロントエンドシステム開発
		バックエンドシステム開発
		クラウドインフラ活用
		SREプロセス
		サービス活用
	デジタルテクノロジー	フィジカルコンピューティング
		その他先端技術
		テクノロジートレンド
セキュリティ	セキュリティマネジメント	セキュリティ体制構築・運営
		セキュリティマネジメント
		インシデント対応と事業継続
		プライバシー保護
	セキュリティ技術	セキュア設計・開発・構築
		セキュリティ運用・保守・監視
パーソナルスキル	ヒューマンスキル	リーダーシップ
		コラボレーション
	コンセプチュアルスキル	ゴール設定
		創造的な問題解決
		批判的思考
		適応力

出典：経産省・情報処理推進機構（IPA）「デジタルスキル標準 ver1.1 共通スキルリストの全体像」2023年8月
https://www.meti.go.jp/policy/it_policy/jinzai/skill_standard/20230807001-d-1.pdf

図4-14　現状把握のためのアセスメント実施方法

	自己評価	上司または 専門部署による測定	資格や過去実績との 紐づけによる測定	外部アセッサー による測定
客観性	★	★★	★★★	★★★★
負荷	小	中	小〜中	大
活用 ケース （例）	• 自律的にキャリア形成やスキル開発プランを検討してもらいたい場合 など	• ある程度の客観性を担保しながら、レベル感に横串を刺したい場合 • 育成や人材配置施策の検討主体である上司・IT部門に責任をもって測定させたい場合 など	• 負荷を掛けずに高い客観性を担保し、測定を行いたい場合（例：特に処遇や昇格などに反映させたい場合 など） • 上司の測定スキル面において課題がある場合 など	• 非常に高い客観性の担保が必要な場合（例：上位職やキーポジションへの登用 など） • 特定領域など、社内で信頼性のある測定が困難な場合 など

　一般的には、まず特定部門での「自己評価」でスタートして、アセスメント項目のブラッシュアップや活用方法を見極めつつ、順次対象を拡大する際に、それ以外の施策を打っていくケースが多い。

　まずは、アセスメント項目やその運用を形にしていくべく、徐々に精緻な手法にしていくことがより実践的であろう。（図4-14）

ステップ2 人材確保施策検討

人材確保手段の検討

　ステップ1で特定したTo be（質的・量的な人材確保目標）とAs is（現状）のギャップを解消するために、人材像や役割（ロール）ごとに「確保（採用/外部委託）」「異動・配置（人材シフト）」「育成（リスキリング）」といった手法を組み合わせた施策を検討する。

　そうした人材を確保する際、もしくは確保した後に、本人の実績や実力に基づいて適切に「評価」「処遇」を行い、継続的に企業としてモチベーションを高く維持したまま、活躍してもらうことが求められる。

　人材の確保にあたっては、多様な考え方があるものの、国内企業の多くのケースでは「育成→異動・配置→採用/外部委託」の順で施策が検討される。

　社内業務やビジネスに精通している必要がある領域・レベル、1〜数年の育成により戦力化可能な領域・レベルについては、まず育成を通じて確保を行う。

　次に、社内業務やビジネスに精通している必要がある領域、量的観点で人材ニーズのある領域、汎用的なスキル（第3章参照）が活用可能な領域については、異動・配置を通じて確保する。

　育成や異動・配置のいずれにおいても人材確保が困難、または早急に人材が必要な領域・レベルについては、採用や外部委託、場合によっては、企業買収も行う（一般的に英語の〔acquire：買収する〕と、〔hire：雇用する〕を掛け合わせた「アクハイアリング：Acq-hiring」と呼ばれる）。（→次ページ・図4-15）

図4-15　人材確保施策の実施判断基準

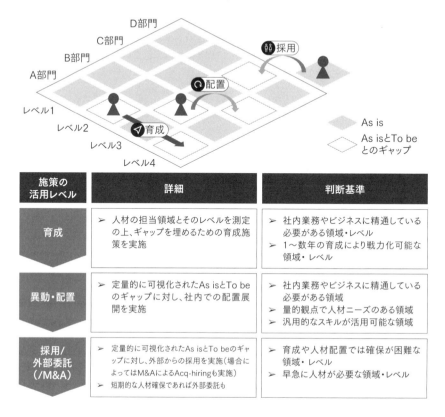

施策の活用レベル	詳細	判断基準
育成	➢ 人材の担当領域とそのレベルを測定の上、ギャップを埋めるための育成施策を実施	➢ 社内業務やビジネスに精通している必要がある領域・レベル ➢ 1〜数年の育成により戦力化可能な領域・レベル
異動・配置	➢ 定量的に可視化されたAs isとTo beのギャップに対し、社内での配置展開を実施	➢ 社内業務やビジネスに精通している必要がある領域 ➢ 量的観点で人材ニーズのある領域 ➢ 汎用的なスキルが活用可能な領域
採用/外部委託（/M&A）	➢ 定量的に可視化されたAs isとTo beのギャップに対し、外部からの採用を実施（場合によってはM&AによるAcq-hiringも実施） ➢ 短期的な人材確保であれば外部委託も	➢ 育成や人材配置では確保が困難な領域・レベル ➢ 早急に人材が必要な領域・レベル

出典：デロイト トーマツ コンサルティング

　なお、採用や外部委託については、「先生役の確保」という側面もある。特定の領域においてOJTを通じた人材育成を主導する有識者を少数採用し、その領域に配置されている社員のリスキリングを行う方法だ。

　特に昨今、「実践機会における育成」が課題となっているケースが多く、そのような課題解決の1つとして用いられている手法だ。

　実際にこのプロセスに沿って、各人材像・役割（ロール）ごとに人材確保方針を検討した例を紹介する。

図4-16では、DXの文脈において必要な人材を定義し、採用市場動向を踏まえながら内製（育成）するのか、外製（キャリア採用・外部委託）するのかを検討している例である。

図4-16　人材像別確保方針の例

<table>
<tr><td rowspan="2"></td><td colspan="3">スキル要件</td><td>外部環境</td><td colspan="2">確保</td></tr>
<tr><td>ビジネス</td><td>IT</td><td>概要</td><td>採用市場動向*</td><td>内製⇔外製</td><td>考え方</td></tr>
<tr><td>ビジネス
プランナー</td><td>●</td><td>◑</td><td>自社ビジネス・業務や業界特性の理解と、先端技術に、知見の双方が必要</td><td>56.5%の企業が不足</td><td></td><td>自社ビジネス理解の重要性から立ち上げ時より一定の内製が必要</td></tr>
<tr><td>データ
サイエンティスト</td><td>◕</td><td>◕</td><td>自社ビジネス・業務や業務特性の理解と、統計・解析に、知見の双方が必要</td><td>55.5%の企業が不足</td><td></td><td>自社ビジネス理解の重要性から立ち上げ時より一定の内製が必要</td></tr>
<tr><td>デザイナー</td><td>◑</td><td>◔</td><td>プロダクト利用体験の改善に向けたUI/UX知見と、自社ユーザー特性の知見が必要</td><td>44.4%の企業が不足</td><td></td><td>一定外製により確保しつつも、自社ユーザー理解の要件から中長期的には内製を目指す</td></tr>
<tr><td>アーキテクト</td><td>◑</td><td>●</td><td>ハイレベルな設計、プロトタイプ開発、コードパターンレビュー可能な知見が必要</td><td>50.0%の企業が不足</td><td></td><td>技術ごとの知見保有者が必要であり、外製を一定行いつつも、自社システム構造理解を深めながら中長期的には一定の内製を目指す</td></tr>
<tr><td>エンジニア</td><td>◔</td><td>●</td><td>各種技術やアプリの開発・実装に関する知見が必要</td><td>47.5%の企業が不足</td><td></td><td>当初は外製により確保しつつも、自社開発強化に向けた内製化を目指す</td></tr>
</table>

■ 目指す姿　▨ 立ち上げ時

表中*の数値は：情報処理推進機構（IPA）「DX白書2021」「IT人材白書2020」国内の職種別「量」の確保状況「大幅に不足」「やや不足」をカウントした。

出典：デロイト トーマツ コンサルティング

　この例においては、スキル要件の要素に「ビジネス」「IT」が含まれており、特に「ビジネス＝自社ビジネス・業務や業界特性の理解の重要性が高いほど、内製化（社内人材の育成）を進めるべきである」というコンセプトのもと策定している。

　そのため、自社の戦略やビジネス・業務上の課題解決を主な役割（ロー

ル）とするようなビジネスアーキテクト（ビジネスプランナー）や、データサイエンティストについては内製化の割合を多くし、専門性や技術力の問われるデザイナー、アーキテクトについては外製の割合を多く設定している。

育成体系（リスキリング体系）の検討

　育成を行うにあたっては、社員個々人が行動変容していくステップ（リスキリングジャーニー）に沿って、会社としての施策を検討することが求められる。（図4-17）

図4-17　私たちが提唱する「リスキリングジャーニー」（図1-32 再掲）

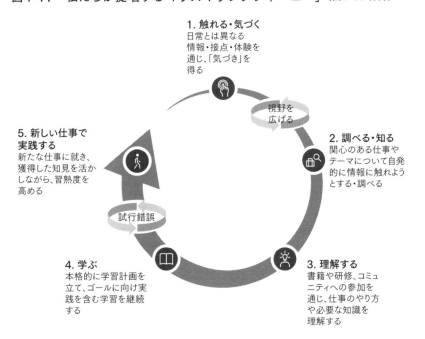

出典：デロイト トーマツ コンサルティング

　第3章でも解説したように、社員個々人に「リスキリングせよ！」と指

示したところで腹落ち感もなく、アンラーニングもできず、なかなか自身のラーニングカーブを立ち上げることができない。そのため、地道ではあるが、ジャーニーに沿って適切な施策を打っていくことが肝要である。

　このジャーニーを踏まえ、企業としては大きく「トレーニング（マインドセット含む）」と「実践機会提供・伴走支援」の施策が求められる。

　トレーニングでは、まず自身や所属する組織の置かれている状況や、個人の中長期的なキャリアを見つめ直すようなきっかけを提供することで、リスキリングの必要性や、社員個々人の人生にインパクトを与え得ることについて気づいてもらえるような機会を作る。そのうえで、新たな業務・領域において求められるスキルセットや、それを習得するための座学やケーススタディを交えたトレーニングを実施する。

　ありがちなのは、座学的なトレーニングだけを実施し、新たな領域や業務に配置してしまうケースである。第3章でも触れているが、成長に貢献する要因には、「仕事上の経験」が70％、「先輩・上位者からの助言・フィードバック」が20％、「研修などのトレーニング」が10％であるという研究もある（出典：Michael M. Lombardo & Robert W. Eichinger "The Career Architect Development Planner"）。読者の皆さんの実感値にも近いと思うが、仕事上の経験や適切な助言・フィードバックを与えられるかが、リスキリングにおいても重要である。

　したがって、会社としてはトレーニングに加えて実践機会を提供しつつ、有識者に伴走支援や本人に対するフィードバックを提供することによって、実践とフィードバックを通じた成長を促すことが望ましい。

　また、これらの伴走支援を通じて成長した社員が、今度は新たな有識者・先生役として、別メンバーに対する伴走支援を行うようなサイクルを回していくことも有用である。

　これに加え、新しい業務や領域に必要な適性・スキルに関する社員に対するアセスメントを実施することにより、リスキリング対象者の候補発掘

や、トレーニングの効果検証、実践時における成長度合いや成長課題の可視化を行っていくことも有効な手段だ。これらのアプローチを体系的に示したものが図4-18である。

図4-18　リスキリングに向けた会社施策体系

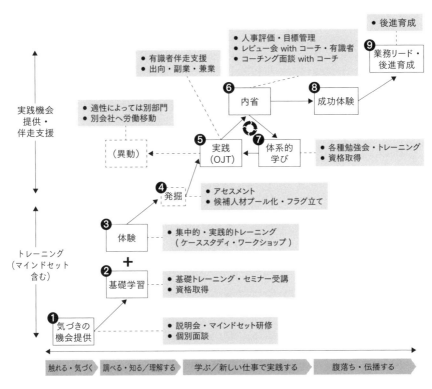

出典：デロイト トーマツ コンサルティング

　説明会やマインドセット研修、個別面談を通じて「**❶気づき**」の機会を提供する。そのうえで、新しい業務・領域で求められる知識・スキルを習得するための基礎トレーニングの実施や、資格取得を通じて、「**❷基礎学習**」を行う。

これに加え、ケーススタディやワークショップによる「❸体験」を通じて、新しい業務に対する手触り感を感じてもらう。この時点で、トレーニングでのパフォーマンスや、トレーニング前/後のアセスメント結果を踏まえて、実際に新たな業務へ配置するメンバーを「❹発掘」する。

リスキリング対象者に対しては、「❺実践（OJT）」の機会を、出向・副業・兼業などの手段も含めて提供する。月数回の有識者とのレビュー会（業務の実践状況、アウトプットに対するフィードバック）や、コーチング面談（社員本人の成長状況に関するフィードバックや、スキル獲得に対するアドバイス）を通じて「❻内省」することによって、新たな気づきを得る。併せて、不足している業務知識を勉強会や資格取得を通じ「❼体系的学び」を得る。そして❺実践に再度生かす、というサイクルを回し続ける。

このサイクルを通じ、「❽成功体験」を得られた方は、いよいよ一人前に成長していき、最終的には自身が有識者や先生役として「❾業務リード・後進育成」を行う。

実際にこれに近い形でリスキリングを行った事例をご紹介しよう。この事例は、筆者がコンサルタントとして支援した複数の実例を踏まえ、架空の事例という形でお示しする。

とある企業のリスキリング事例

この企業では、コーポレート業務のアウトソーシング（BPO：Business Process Outsourcing）を受託する事業を中心にビジネス展開しており、グループ会社や別会社に対する外販も含めてBPOサービスを提供してきた。

DXの浸透から、一時期までは好調な業績や受託量で推移してきたものの、昨今の技術進展に伴い、顧客からは定型業務を効率化・自動化し、委託範囲を減少するような圧力、脅威が生じ始めていた。

そして顧客からは、「定型業務ではなく、より企画・構想領域において価値を発揮してほしい」というニーズを強く受けるようになった。

会社の経営陣は、これまでのコーポレート定型業務を中心としたBPOサービスから、企画・構想事業へ事業ポートフォリオをシフトしていくことを決定。これに伴い、人材ポートフォリオも質的・量的な側面での見直しが迫られた。

　この人材ポートフォリオの転換は、特に質的側面において大きなチャレンジであった。これまでの業務は、「ミスなく安定的・着実に遂行すること」が顧客にとっての付加価値であったのに対し、新たな領域は「顧客の課題を特定し、解決に向けた企画・構想に関する提案を行うこと」が付加価値になるのである。

　この結果、人材に求められることは、これまでは「標準・ガイドライン・マニュアルどおり業務を推進する力」「顧客のニーズや要求を適切に理解し、業務に落とし込む力」であったが、今後は「（顧客が直接的に提示した要求ではなくても）潜在的な課題や真因を特定する力」「意思決定を促すためのストーリーメイキングを通じて企画・構想する力」「能動的に提言・提案する力」が求められるようになった。

　この人材要件の質的転換は、これまでの仕事に対する価値観の転換に等しいとも言え、大きな困難を伴った。この会社に入社した社員たちは、「指示どおり、ミスなく安定的に着実に仕事をすること」を数年〜数十年刷り込まれてきたのである。

　それを「能動的に、潜在的な課題を特定し、提言するようになれ」というのは、もはや転職と言っても過言ではなかった。そして社員たちも「自身には関係ない」「経営のいつもの掛け声（で実行されない）」といった無関心ムードであった。

　この大きなチャレンジに対し、会社は数年がかりのリスキリング計画を検討。「気づき・マインドセットの機会提供」「体系的学びと体験機会の提供」「伴走支援とフィードバック機会の提供」という３つの機会提供を企画した。2,000人規模の企業であったが、そのうち200人程度の組織を企

画・構想事業へシフトさせていく対象と定めた。3つの機会提供を行うにあたっては、200人中20人を最初のリスキリング対象グループとして、成功事例の創出に向けて検討を開始した。

　まず、「気づき・マインドセットの機会提供」を行うにあたり、自身のこれまでのキャリアや、仕事に対する価値観を振り返るとともに、これからの事業や仕事を取り巻く環境を知るプログラムを検討。プログラムは丸1日、オフサイトの環境で、「自身を知る」「環境を知る」ことをテーマに行われた。（図4-19）

図4-19　気づき・マインドセット機会提供のプログラム（イメージ）

#	アジェンダ	内容	時間(分)
1	トップからのメッセージ	・なぜ新たな事業に取り組む必要があるのか、今後の会社としての目指す姿と背景にある想いについて語っていただく	5
2	将来のオペレーション・働き方イメージ（講義・動画）	・トップメッセージを踏まえた、将来のオペレーション・働き方イメージを提示する	10
3	【グループワーク①】自身の価値観を引き出すプログラム	・自分自身を深く内省・洞察し、何をやりたいのか、会社の在りたい姿とどうシンクロするのかを明確化する ✓人生曲線 ✓相互フィードバック	240
4	【グループワーク②】目指す姿の策定	・#1〜3を踏まえて、5〜10年後の会社や自身のキャリアがどうなっているかをそれぞれイメージ、個々の意見を互いに共有する ・上記を踏まえて、グループとしての目指す姿（スローガン）を具体化する ・全体発表および講師フィードバック	60
5	【グループワーク③】学習プランの策定	・目指す姿と現状のギャップを特定する ・提供予定のトレーニングメニューを見ながら、ギャップを埋めるためのナレッジ・スキルとして現状、何が不足しているか、特に何を中心に学ぶか話し合う ・全体発表および講師フィードバック	30
6	クロージング	・全体議論の振り返り	10

出典：デロイト トーマツ コンサルティング

外部有識者や講師も交え、将来の働き方イメージをインプットするだけ
でなく、社員個々人がこれまで培ってきた価値観（何に対し、やりがいや喜び
を感じ、自身が職業において重視する要素は何か）を、人生曲線や相互フィード
バックを通じ内省する機会を作った。（図4-20）

図4-20　人生曲線（イメージ）

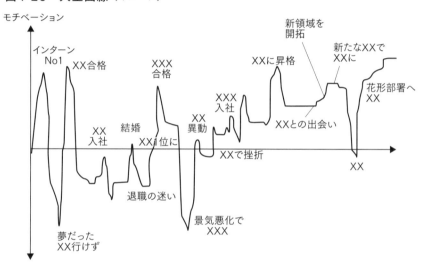

出典：デロイト トーマツ コンサルティング

　プライベート・職業人生の可視化・言語化作業を通じて、自身が最もや
りがいやモチベーションを感じる経験を改めて振り返り、それをメンバー
間で相互にフィードバックし合う機会が、これからの人生において、どう
キャリアを形成していくのかを考えるきっかけとなった。
　そして改めて5～10年後に会社と自身が目指す姿をディスカッションし、
それを言語化することにより、今の自分とのギャップを個々人自らが浮き
彫りにしていった。そのギャップが、必要なリスキリングであり、学習し
なければならない内容である。

本プログラムの最後に、会社として提供予定の「体系的学びと体験機会」「伴走支援とフィードバック機会」を紹介し、自身がこれらのプログラムに対して、どのように臨むのか、何を目標とするのかを学習プランとして作成し、この日のプログラムを終える。

　このマインドセットプログラムの2週間後、会社は「体系的学びと体験機会」として、3日間、スキルセットのためのトレーニングを実施した。

　本トレーニングは座学だけでなく、繰り返しアウトプットし、メンバー間で相互にフィードバックし合うことによって、絶えず実践と気づきを得られるようなサイクルで進むように構成されている。

　テーマとしては「ロジカルシンキング」「仮説思考」といったベーススキル系から「業務効率化」「新規事業立案」といった専門スキルに至るまで、一貫した内容で実施された。

　インプットとアウトプットのサイクルを3日間で高速で回転させ続ける内容に、受講者はへとへとになったが、これまで使ったことのない脳を使い続け、実体験をもって新たな業務に必要なスキルを認識すること、アウトプットに対し絶えず「良かった点」「改善点」をフィードバックされることによって、たったの3日間ではあったが、手触り感やわずかではあるが腹落ち感が醸成されていった。

　さらにその1週間後、20名が5つのチームに分かれ、実際に新しい業務に従事。その業務に対し、有識者が先生役やコーチとして伴走支援するプログラムがスタートした。

　伴走支援の期間は半年間であったが、その中でメンバーやチームのアウトプット・成果物に対するフィードバックを行う「週次ミーティング」と、メンバー個々人の成長状況や学習方法に対してコーチングを行う「隔週のコーチ面談」を行った。

　ポイントは、アウトプットのレビューを行う週次ミーティングだけでは

なく、メンバーの仕事の進め方や成長状況に対してアドバイスを行うコーチ面談をセットにした点だ。

多くの企業では、上司やメンバーに自身が作成したアウトプットや業務の進捗を報告し、ある意味ダメ出しをしてもらうような会議はよく見られるが、「このような動き方をすればもっと成果が高まる」「このような頭の使い方をすればうまくいく」「そのためにはこういった学習機会がある」といった客観的な事象を示すことで、本人がもっと成長できるようなアドバイス機会を設けているケースは少ない。

それでも近年は上司とのコーチング面談といったプログラムを導入している企業もあるが、この事例においては先生役やコーチがこの役割（ロール）を担った。（図4-21）

さらに、コーチ面談では伴走支援開始時にメンバーに対して実施していたスキルアセスメントをベースに、本人の成長状況や成長課題を可視化、「どこを伸ばせばよいか」も客観的にアドバイスを行った。

これらのプログラムを通じ、20人中10人は新たな業務を独力で遂行できるレベルに成長。残る10人についても、一定のサポートがあれば業務を遂行できるレベルへと成長した。

中でも成長著しい数名のメンバーについては、200名のうち残るメンバーに対する伴走支援の先生役やコーチとして活躍してもらうこととなった。

この成長ぶりは成功事例として社内に広く発信され、「今回の変革は違う」と思わせる取り組みとしては十分な成果を上げた。

この会社は徐々に有識者を内製化し、自立自走型のリスキリングを目指して推進している。

図4-21　週次定例ミーティングとコーチ面談

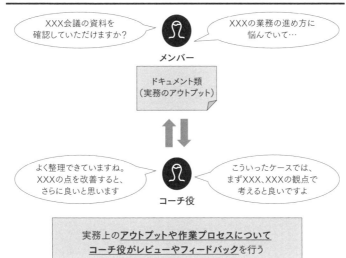

レビュー会

XXX会議の資料を確認していただけますか？

XXXの業務の進め方に悩んでいて…

メンバー

ドキュメント類（実務のアウトプット）

よく整理できていますね。XXXの点を改善すると、さらに良いと思います

こういったケースでは、まずXXX、XXXの観点で考えると良いですよ

コーチ役

実務上の**アウトプットや作業プロセスについて
コーチ役がレビューやフィードバック**を行う

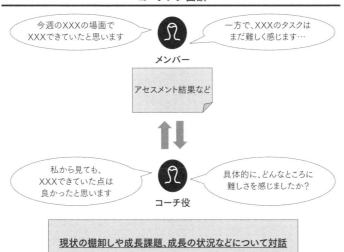

コーチング面談

今週のXXXの場面でXXXできていたと思います

一方で、XXXのタスクはまだ難しく感じます…

メンバー

アセスメント結果など

私から見ても、XXXできていた点は良かったと思います

具体的に、どんなところに難しさを感じましたか？

コーチ役

現状の棚卸しや成長課題、成長の状況などについて対話

出典：デロイト トーマツ コンサルティング

評価と処遇の検討

　一度リスキリングが回り出すと、多くの社員が自信を持ち、新たな事業・業務においても成果や品質が向上するようになる。

　一方、苦労を乗り越え、リスキリングを達成した社員が、これまでと同じような評価基準や処遇の水準である場合、当然「報われない」と感じ、場合によっては「自身を評価してくれる会社へ転職する」と考えるようになるだろう。

　会社としても、多くの時間とリソースを割いて、せっかくリスキリングの成功事例を創出しても、会社に定着させられなければ元の木阿弥だ。

　そのため、リスキリングと同時に、新たな事業・業務領域にフィットするような人事制度や評価基準の見直しをセットで行うべきである。

　なお、DX文脈に限定されるため参考情報となるが、私たちが実施した「デジタル人材育成実態調査2023」では、人事制度の見直しに対して課題感を持っている企業は40%に上るにも拘わらず、実際に実施できている企業はたったの5%だ。

　新規事業・業務領域における人事制度改定には、大きな制約がある。それは、「既存事業の社員のほうが圧倒的多数派である」という点である。

　特に新規事業は今後の成長性が期待されるという点はあるものの、企業の収益の大半はまだ既存事業が稼いでいるケースがほとんどであろう。

　そのため、既存の人事制度をないがしろにする、既存事業も含めて新人事制度へ見直すということは、あまり合理的な判断とは言えない。

　新規事業の従事者に対する人事制度の適用は、既存事業の人事制度とうまく両立する方法を模索することになるケースが多い。近年、ジョブ型の人事制度に注目が集まる背景には、このような「両立」も要因となっているケースがある。

　これは、新規事業も既存事業も含めて「ジョブ」という単位で報酬を

設定することによって公平性を担保するという考え方である。ジョブ型導入に関する方法論については、世の中に多く書籍や事例も出回っているため、本書では割愛する。

全社的にジョブ型を導入する以外にも、既存事業の人事制度との両立を模索する方法として、大きく「A. 人事制度を分ける」「B. コースとグレードを分ける」「C. 手当で報いる」「D. 中長期的な昇降給で適正な水準に収れんさせる」という方法がある。（→次ページ・図4-22）

A. 人事制度を分ける

ここで言う「1国2制度」とは、文字どおり、既存の人事制度を適用せず、対象者に対して個別に担う業務内容や市場価値に応じて報酬を決定する方法だ。

新規事業を担う人数が少数に限定される場合、もしくは、外資系の競合他社から引き抜かれないように高額な報酬支払が必要となるような場合に本パターンを適用する。

2023年現在において、2,000万円、3,000万円の報酬も支払えるような人事制度を導入するケースがメディアでよく取り上げられるが（この場合、ジョブ型として導入するケースもある）、全社員に適用せず、特定業務や事業を担う社員を対象とする場合は本パターンに分類される。

このパターンの良いところは、あくまで個別の報酬設定となるため、既存事業に従事する社員間との公平性を担保しやすいことだ。特に新規事業の立ち上げ初期は、このパターンでまずスタートすることにより、今後の制度設計の柔軟性も確保しやすいだろう。

一方、対象となる人数が増えてくると、個別の報酬設定では対応しきれなくなるため、ジョブ型、もしくはパターンB～Dを検討することになる。高額な報酬が既得権益になってしまうリスクを避けるため、成果KPIに基づく報酬変動や期間契約を導入するケースも多い。

図4-22 新規事業の人事制度設計パターン

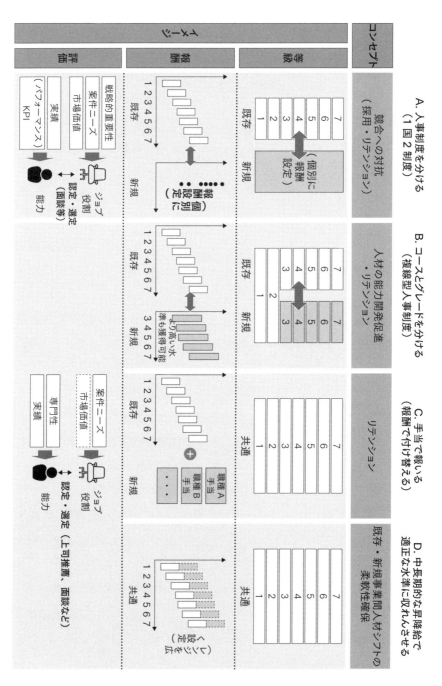

出典：デロイト トーマツ コンサルティング

238

B．コースとグレードを分ける

「複線型人事制度」は最もイメージしやすい、既存・新規事業における人事制度両立の仕組みである。新規事業に従事する人材については、労働市場の水準を見据えた報酬設定や、新規事業の業務特性を踏まえた評価基準の設定を行う。既存・新規間の頻繁な人材シフトが生じないケースにおいては、本パターンが有用であろう。

　一方、既存事業より新規事業の報酬を高く設定する場合や、好条件の処遇を設定する場合、単純に既存/新規間の不公平感が生じるだろう。

　既存事業の人材は「好きで今の既存事業をやっているわけではないのに、私たちは大事にされていないんだ…」といった、配置や処遇に関するさまざまなモチベーション低下要因が発生し、とりわけ、新規→既存への配置は困難を極めるだろう。

　結果、人材シフトの硬直化が発生し、To beの人材ポートフォリオ実現が難しくなるといった制約もある。

　そのため、複線型人事制度は、社内カンパニー制度であったり、別会社化した組織に対して適用する（既存・新規事業間の社員の距離感が離れているケースで適用する）ことが望ましいかもしれない。

C．手当で報いる

「報酬で付け替える」パターンは、対象とする役割（ロール）、業務やレベルなど、支給条件が明確になっている場合に適用するケースが多い。

　具体的には社内認定制度で何らかの認定を受けている場合（高度専門人材）や、特定のプロジェクトにおけるリーダーに任命されている期間だ。

　このパターンは特段、等級や評価の仕組みをいじる必要がないため、比較的素早く導入可能である。

　一方で、評価の仕組みが変更されないため、本人のパフォーマンスや成長に応じた処遇変動はやや難しくなる（テクニカルには実現可能だが、ほぼ複

線型人事制度と変わらなくなる）。そのため、リスキリングという文脈では、本パターン以外を採用するケースか、もしくは併用するケースが多い。

D．中長期的な昇降給で適正な水準に収れんさせる

「中長期的な昇降給で適正な水準に収れんさせる」方法は、ある意味最もマイルドで既存事業に配慮した仕組みと言える。

　既存でも新規でも、基本的に同一の人事制度を適用するが、既存の人事制度では対応しきれない報酬水準の人材も確保・リテンションできるよう、報酬レンジそのものを拡大する。

　そのうえで評価基準の中に新規事業で求められる人材要件を盛り込み、新規事業で活躍する人材（もちろん既存事業の人材も）に対しては、昇給を通じて徐々に高い報酬水準を実現するという方法である。

　この仕組みは、新規事業で活躍する人材に即時的に高い報酬を支給することが困難である点が弱点だが、既存・新規事業間の人材シフトの柔軟性も担保可能であり、かつ既存・新規事業間の公平性も担保しやすい。

　ただ、新規事業で活躍する人材の「報われない感」は、場合によっては解消しきれない可能性もある。どの程度昇給・降給の幅を設けるかによって調整することになるものの、新規事業の報酬水準について、マーケット水準も見ながら本パターンの導入を検討するとよいだろう。

　このように、人事制度の検討は「これが正解」というものがなく、目的や対象となる社員数に応じて検討することになる。また、労働組合がある会社においては、当然、労使交渉も必要となるだろう。

　乗り越えるべき課題は多いが、人事制度が会社のリスキリングの阻害要因とならないよう、ぜひ検討を進めていただきたい。

ステップ3 リスキリング施策の実行

　実際にリスキリングを進める段階においては、第3章で触れたように、社員個々人のリスキリング課題を解消できるようなサポートが会社には求められる。すなわち、「関心の壁」「行動の壁」「手段と時間の壁」「活躍の壁」のそれぞれを突破してもらうには、個人の努力だけに委ねるのではなく、会社でなければできない支援や取り組みもある。（図4-23）

図4-23　リスキリング上の課題（図3-4 再掲）

関心の壁	■ そもそもリスキリングに無関心
行動の壁	■ 自分の今後のキャリアに必要なスキルがわからない ■ 学んでも今後のキャリアにどう活かせるのかがわからない ■ リスキリングしなくても、今後の生活や収入に影響がない ■ 勤務先での自分の評価に影響がない
手段と時間の壁	■ 自分に合った学習内容・方法（教材、講座など）がわからない ■ 必要な知識・スキルを身につけるためのトレーニングを受ける機会がない ■ 日々の中で学ぶ時間がない ■ 学習するモチベーションが継続できない
活躍の壁	■ リスキリングしても、現在の業務で活かす機会がない ■ 学んでもそれを活かせる業務・職種に就ける機会がない

出典：デロイト トーマツ コンサルティング

　まず、「関心の壁」「行動の壁」については、説明会やマインドセット研修の提供（「ステップ2 人材確保施策検討」→223ページ）により、自身のキャ

リア・価値観と新しい領域・仕事がどのようにつながるのかということを、内省も含めて理解を深めることが重要である。場合によっては評価・処遇の仕組みを改定していくことで、新しい領域や業務での活躍が、本人の評価につながることを認識してもらうことも有効だろう。

「手段と時間の壁」のうち、「自分に合った学習内容・方法」「トレーニング機会」に関する課題感についても、説明会や学習プラン策定の機会、伴走支援（先生役・コーチ役）の実施といった方法を取ることが望ましい。

「学ぶ時間がない」「学習するモチベーションを継続できない」という課題については、日常業務の中でいかに時間を捻出するかという点や、本人の動機付けという点で難しさがある。

また、「活躍の壁」のうち、業務機会の提供についても、人事異動や職域確保という点で制約が大きい。

これらを踏まえ、会社としては次のような施策が考えられる。いずれも筆者が支援する会社において実施している、もしくは実施を検討している施策である。

リスキリング課題の解消施策

■経営・組織面
- 経営トップから本取り組みの重要性や時間捻出について指示・発信する
- 組織単位のKPIを設定する（学習時間、資格取得、社内認定取得数、トレーニング受講数など）
- 上記KPIを達成するための部門別育成計画を部門長にて策定してもらう
- 上記KPIの進捗を組織長が集う会議で定期的に確認する / 社内に公表する

■個人面
- 社内 / 社外の学習・リスキリングコミュニティを組成する（一緒に努力する仲間を作る、学習方法・学習内容や学習目標に対する進捗を共有する）

- 社内 / 社外の学習・リスキリング情報を定期発信する（個人としても発信できる）ポータルサイトを立ち上げる

- 個々人の学習・リスキリング状況を上司との面談時に会話・確認する

■仕組み・制度面
- リスキリングや学習について評価の対象とする（学習時間、資格取得、社内認定取得数、トレーニング受講数について定性・定量評価を行う）

- 10％ルール（業務時間中、10％を自身の学習や実施したい業務に充てられる制度）を導入する

- 社内外複業・兼業制度を導入する（グループ会社・協力会社への出向、別会社との共同プロジェクトなど）

このような取り組みは、どうしても個人面の施策にフォーカスが当たってしまうが、ポイントは経営・組織面、仕組み・制度面も含めて、多面的にアプローチすることだ。

特に、現場のマネジメントを担う組織長に対して、いかにリスキリングや学習に関する取り組みをリードしてもらうのか、会社として仕組み・制度面から個人のリスキリングを加速させるのかが、成否の分かれ道になるだろう。

企業向け政府支援策

　政府は企業内人材のリスキリング支援のため、企業向けの支援施策もさまざま提供している。代表的な支援として、①企業内人材のキャリア形成制度の策定支援、②企業内人材の職業能力を可視化する評価基準の提供、③リスキリングにかかる費用面のサポート、④越境学習支援について紹介する。

キャリア形成・リスキリング支援センター

　働く人が自律的、主体的に、職業に関する学び・学び直しを行うことができるよう、社会人のキャリア形成・学び直しを総合的に支援する厚生労働省の事業がキャリガクだ。

「ジョブ・カード」を活用したキャリアコンサルティングや、企業がその人材育成ビジョン・方針に基づき、キャリアコンサルティング面談と多様なキャリア研修を組み合わせて、体系的・定期的に従業員の支援を実施し、従業員の主体的なキャリア形成を促進・支援する総合的な取り組みである「セルフ・キャリアドック」の導入支援サポートを、無料で受けることが可能となっている。

　社内人材のリスキリングに組織的に対応する必要のある人事組織所属の読者は、ぜひ活用を検討してみてほしい。

参考

キャリア形成・リスキリング支援センター【厚生労働省委託事業】

https://carigaku.mhlw.go.jp/

「セルフ・キャリアドックとは」

https://carigaku.mhlw.go.jp/scd/

職業能力評価基準

　仕事をこなすために必要な「知識」「技術・技能」や「成果につながる職務行動

例（職務遂行能力）」を業種別、職種・職務別に厚生労働省が整理した基準。

　各社ごとにカスタマイズして活用することが可能であるほか、能力評価や人材育成に優れた効果を発揮するツールとして、「キャリアマップ」「職業能力評価シート」「OJTコミュニケーションシート」を提供している。

　人材育成や採用、人事評価といった人事管理上のニーズに対して企業内の標準的な基準として活用できるものとなっており、リスキリングを担う人事組織所属の読者はベンチマークとして、基準の自社カスタマイズを検討してみてほしい。

参考

職業能力評価基準｜厚生労働省

https://www.mhlw.go.jp/stf/seisakunitsuite/bunya/koyou_roudou/
jinzaikaihatsu/ability_skill/syokunou/index.html

人材開発支援助成金

　企業が雇用する労働者に対して計画に沿って訓練を実施した場合や、教育訓練休暇などの制度を導入し、その制度を労働者に適用した場合に、訓練経費や訓練期間中の賃金の一部を助成する制度。①人材育成支援コース、②人への投資促進コース、③事業展開などリスキリング支援コースの3つのコースがあり、②においては、30日以上の長期教育訓練休暇の取得が可能な制度を導入し、実際に適用した事業主に制度導入に対して20万円を支給、有給の休暇に対しては、1人につき1日6,000円 最大150日分の賃金助成を支給する。

　訓練計画策定工数や手続きの煩雑さはあるが、社内人材のリスキリングを進める必要のある企業にとって、資金面での下支えは有用だ。特に中小企業を経営する読者には一度活用を検討してみてほしい。

参考

人材開発支援助成金｜厚生労働省

https://www.mhlw.go.jp/stf/seisakunitsuite/bunya/koyou_roudou/koyou/
kyufukin/d01-1.html

産業雇用安定センターによる在籍型出向のマッチング制度

　公益財団法人産業雇用安定センターが提供する、企業間の出向や移籍を支援する観点から、人材の「送り出しを希望している企業」と「受入れを希望している企業」のマッチング事業。

　人材育成や企業間交流を目的とした出向を活用する場合、双方の企業に対して出向のマッチングを無料で行っている。全国47都道府県の県庁所在地に産業雇用安定センターの事務所があり、無料で企業からの相談に対応している。

　リスキリングストーリーでミドル・シニアの吉川（→132ページ）はGX産業に自身の新しいキャリアの可能性を見出し始めているが、転職の前に「出向」の形で新しい業界でのポジションを経験することができれば、「やっていけそうだ」、あるいは「やはり現在のポジションでキャリアを続けることが最良」といった判断をすることができるため、労働移動の後押しにも転職リスクのヘッジにもなる。特にミドル・シニアに新しい選択を示していくことに前向きな企業は、活用の検討をしてみてはいかがか。

参考

産業雇用安定センター「在籍型出向（雇用シェア）とは」

https://www.sangyokoyo.or.jp/lp/zaiseki/index.html

産業雇用安定助成金（スキルアップ支援コース）

　「在籍型出向」では、自社にはない実践での経験による新たなスキルの習得が期待できる。労働者のスキルアップを在籍型出向で行い、条件を満たした場合には、出向元事業主に対して助成金が支給される制度を厚生労働省が提供している。

　助成の対象となる出向は、「労働者のスキルアップを目的とすること」「出向した労働者は、出向期間終了後、元の事業所に戻って働くことが前提であること」「出向者の出向復帰後6か月間の各月の賃金を出向前賃金と比較して、いずれも5％以上上昇させること」となっている。

　自社でなかなかスキルアップ機会を提供することが難しい中小企業において人材

育成目的とはいえ、出向による労働力減少は厳しいものと言えるが、産業雇用安定助成金はそれを緩和する施策である。特に中小企業を経営する読者は、一度検討してみてはどうだろうか。

参考

産業雇用安定助成金（スキルアップ支援コース）｜厚生労働省

https://www.mhlw.go.jp/stf/seisakunitsuite/bunya/0000082805_00012.html

第 **5** 章

リスキリングの未来

01 | 技術の進化と社会の変化 による産業へのインパクト

中長期的視点で見たリスキリング

　ここまでの章では、リスキリングのあり方について記してきた。一方で、テクノロジーの進化に伴う、仕事や生活の変化の速度は加速しており、今時点の環境を前提としたリスキリングでは、達成できたと思ったら労働環境が変化していたという状況が起こり得る。

　シリコンバレーでは、4 to 4という言葉がある。これは「4年間で学んだことは、4年で陳腐化する」という意味だ。これまでは「大学4年間で学んだことで40年間食べていける」という4 to 40との対比になっており、いかに昨今はリスキリング能力の重要性が問われているかがうかがえる。

　本章では、皆さんのリスキリングの実効性を高められるよう、5年後、10年後の仕事・働き方と、そこに向けたリスキリングのあり方について考察していきたい。

　仕事を変化させる最も大きな要因の1つが、技術の進化である。「生成AI」の登場は、世の中の人々に衝撃を与えた。ChatGPTをはじめとする生成AIは、文字どおりチャット形式で指示を与えれば、ものの数秒でテキストやチャートを生成し、しかもそのクオリティはビジネスですぐに活用できるもので、多くの人々を驚かせた。

　また、生成AIだけでなく、メタバースやWeb3.0など、労働や働き方に大きなインパクトを与える技術の進展も予想されている。

例えば、メタバースは仮想世界と現実世界とを組み合わせることにより、人の生活や仕事の仕方を大きく変化させる可能性がある。現実世界では機会が限られていたり、物理的な接触が不可欠であるような状況（例：災害時の対応シミュレーション、遠隔手術）をメタバース技術の活用で、これらの制約を取り払うことが可能になると言われている。

　また、Web3.0の世界では中央集権的な管理者のいない分散型のインターネットインフラや、これに基づく組織＝DAO（Decentralized Autonomous Organization：分散型自律組織）が登場・台頭する。

　これまでのWeb2.0の世界では、GAFAM（Google, Amazon, Facebook〔Meta〕, Apple, Microsoft）といったテックジャイアントをはじめとするプラットフォーマーがインターネットインフラと情報を中央集権的に管理し、ユーザーやクリエイターは、これらプラットフォーマーが決めるルールや仕様に沿って利活用・活動する必要があった。

　これに対して、ブロックチェーンの技術により、情報やインターネットに関する権限を分散し、誰もが公平に利用できるようにしようというムーブメントが巻き起こっている。ただしすべてのインターネットがWeb3.0に移行するのではなく、Web2.0と共存していく世界が予想されている。

　そのような状況下で台頭するのがDAOである。有名な事例としてBitcoinがある。Bitcoinは、複数人が構築したプログラム・仕組みを中心に、人が集まって組成された経済システムとなっている。その集まった人々がコミュニティを組成しDAOを組成している。

　また、これらの新しい技術に加え、近年では「気候変動」が世界的な課題となっている。国・企業が能動的にこの課題に取り組む必要性（Green Transformation：GX）が生じ、雇用や働き方に大きな影響を与えることが予想されている。

　多くの国で2050年までに「ネットゼロ（温室効果ガスの排出量と吸収量との差し引き正味ゼロ）」とする目標を立てており、日本もその国の1つである。

気候変動により178兆米ドル相当のGDP損失が見込まれるが「能動的な移行」により、世界全体で43兆米ドル相当の経済厚生（人々の幸福度を示し、マクロ経済学において生産関数を用いて表されるもの）を回復することが可能と推計されており、社会的にも経済的にも非常に大きなインパクトのある課題となっている。

このような社会課題の変化、技術の進展が、私たち人間の仕事や働き方、組織のあり方を今後10年、20年で大きく変えていくことが予想される。以降、特に主要な技術の進展について、それぞれ紹介しよう。

1. 生成AI

もはや説明不要かもしれないが本書でも触れておく。生成AIは文章や画像、プログラミングコードなどのコンテンツ生成に特化したAIであり、従来のAIと比較しきわめて自然で人間的なアウトプットを実現する。生成されたコンテンツには、誤った内容や偏った内容が含まれている可能性があり、他の情報源による事実確認といった人間による評価が必要である。

なぜこれだけ話題となったかと言うと、データを学習し、分析するだけの従来型AIと異なり、データを利用してきわめて自然なオリジナルを創造できるからだ。生成AIを他のAIや先端技術と組み合わせることで、「働き方・オペレーション・サービスのあり方」そのものを変革できる可能性が見えてきている。

例えば、「音声認識（＋感情分析）×生成AI」という組み合わせによって、感情に寄りそうバーチャルエージェントを作ることが考えられる。ほぼ、人間的なコミュニケーションが可能になるため、コールセンターでのインバウンドコール対応や、メンタルケアも含めたカウンセリング、小売店・外食店における顧客対応も可能になるだろう。

他には、「検索API×生成AI」であれば、膨大な情報量の調査と要約が

数秒で可能になる。私たちコンサルタントの仕事においても言えることであるが、Web上や社内外の膨大なデータベースから必要な情報を収集、顧客ニーズや研究ニーズに合わせて要約・レポート化する仕事が、この技術によって代替してもらえることになる。

　生成AIの技術が進展した影響として、テクノロジー大手やスタートアップが続々とこの基盤モデル上で、ChatGPTやDall-Eといったユーザー向けアプリケーションを開発している。

　将来的に、生成AIが組み込まれたさまざまな用途の商用アプリケーションが誕生し、幅広い業界でビジネス変革が起こると期待されている。

2.　メタバース（含むMR：Mixed Reality）

　メタバースには標準的な定義がなく、概念についての整理は発展途上にあることから、他の技術との混同が生じている。本書では「仮想世界のネットワークのことであり、没入型体験、デジタル経済、社会的つながりに焦点を当てたもの」という意味で利用する。

　メタバースの活用例は幅広く、エンタメ領域でのリアル・バーチャルの同時イベント・ライブに始まり、実店舗での体験型ショッピングのオンライン化、遠隔医療行為、バーチャル観光など、リアルとバーチャルの融合を通じた新たな価値を生み出している。（→次ページ・図5-1）

　例えば、ローソンは新店舗「グリーンローソン」に設置されるアバターをリモートで操作するアルバイトスタッフを10〜30人募集すると発表した。アルバイトスタッフは遠隔地からアバターをPCで操作し、身振り手振りを交えた会話を通じて、接客や販促活動を行う。時給は1,100〜2,200円で、将来的には在宅勤務を可能にすることも検討している。2025年には全国のローソンに勤務するアバター接客スタッフを1,000人にまで育成することを目指す。

大林組は、「O-DXルーム」を新設し、建設現場の玉掛け作業の社員研修にVRメタバースを活用している。社員は、HMD（ヘッドマウントディスプレイ）を装着することで没入感のある環境で研修を受けることができる。本コンテンツは、建設業界で初めてバーチャル空間での共同作業が可能なコンテンツであるほか、すべてのユーザーの行動を保存し、振り返り確認が可能である点が特長になっている。

図5-1　メタバースの活用例

🎮 エンターテイメント	⬆ 小売り・ファッション	📈 広告・マーケティング
■ バーチャル空間におけるイベント・ライブの開催 ■ "メタバースアイドル"の登場	■ 実店舗における体験型ショッピングのオンライン化 ■ アバターの着せ替え用製品の販売	■ 広告・商品に対する正確な視線データ ■ 新商品発表をメタバース上で実施（誰でも即時に体験可能）
💗 医療・ヘルスケア	🛠 モノづくり	🚩 公共事業
■ 遠隔リハビリ、リアルタイム分析 ■ 3Dを通じたリアルタイムの評価分析により、あらゆる地域と専門医がつながるように	■ ロボット用AIの学習やロボットを実際に操作するテレイグジスタンス ■ スマートファクトリーのデジタルツインであるメタファクトリー（物理的な訪問が不要に）	■ バーチャル公共サービスセンターの設置 ■ 失われた歴史的資源を含む主要な観光スポットをバーチャル空間上に再現

出典：デロイト トーマツ コンサルティング

今後、XRや生成AIを活用した新たな働き方や、リアル世界では機会が限られているような仕事も創造することが予想される。具体的には、AR（Augmented Reality）・MRを活用したオフィスの機能拡張や、AIアバターによる顧客タッチポイント、VR（Virtual Reality）トレーニングの高度化（バーチャル世界でのマネジメント経験の付与）などが挙げられる。生成AIとメタバースを組み合わせると、より強力なツールも実現可能だろう。（図5-2）

図5-2　今後のメタバース ユースケースアイデア

		内容		
バーチャルオフィスの3D化		■ 3D技術の進化によって、人の身振りや顔つきなどがよりリアルに感じられるように❸ ■ バーチャルなプロダクトを目の前で確認しながらのミーティングも実施可能❶❷ ■ 位置情報を活用し、リアルオフィスのデジタルツインをリアルタイムで生成❹ ■ 採用活動におけるバーチャルオフィスツアーなどの実施❺	❶	業務の効率化
AR・MRを活用したオフィスの機能拡張		■ AR・MRを利用してアイデアの共有やブレインストーミングが可能❶❷ ■ 社員や空間に対してデジタル情報を連動させることで、プロフィールや利用情報を確認可能❶ ■ 来客に対するバーチャルナビゲーション❶	❷	付加価値創造
AIアシスタント・コーチの誕生		■ バーチャル空間でインタラクティブにやり取りを行いながら、仕事が円滑に進むようサポート❶❷ ■ 親近感が持てるアバターを介することで相談しにくいことも相談しやすいように❹ ■ 自動的にミーティングに参加し、企画の高度化や議事録の作成などを補助❶❷	❸	エンゲージメント向上
AIアバターによる顧客タッチポイント		■ AIアバターによる接客で、従来難しかったヒューマンタッチな部分が改良❷ ■ 顧客の表情を認識し、その時の気分や感情に応じた最適な接客を実現❷ ■ 医療・ヘルスケアでは、より患者の感情に寄り添った対応を実現❷ ■ 小売・外食においては店舗マネジメントより店頭でのシステム対応やトラブル対応できる人材が重要に	❹	人材の獲得・リテンション
			❺	ブランディング強化
生産現場におけるAR・MRの活用		■ AR技術を用いたARグラスを装着すると、ディスプレイ上に作業工程やマニュアルが表示され、ハンズフリーで作業に集中❶ ■ 目の前にある物体に重ねてデジタル情報を表示❷ ■ 不明な点や不安な作業は遠隔地にいる熟練工から教わりながら作業❸ ■ 視界を共有しながら解決することもでき、現場のミスを減らすことも期待❷❸	❶	業務の効率化
			❷	付加価値創造
VRトレーニングの高度化	リーダーシップ	■ バーチャルな世界で戦略立案・実行をシミュレートし、意思決定能力や先見性を磨く ■ ビジョンをAIとともに作り、周囲への浸透も含めて体験するなど	❸	技能伝承
	マネジメント	■ AI（バーチャルヒューマン）のチーム運営を通じて、チームビルディングのコツや仕事の指示・フィードバックの仕方などを学ぶ ■ 外国人スタッフなど多様なメンバーをまとめ上げていく体験 ■ VR空間で他者の心情や感情をくみ取りマネジメントする手法 など❺	❹	経験の均質化
	新規ビジネス立案	■ 新規ビジネスの企画から実行までを体験することで、発想力や企画力を磨く ■ コンテンツを作る過程だけでなく、サービスや製品をバーチャルな世界でリリースし、AIや人に使ってもらうことも可能 など❺	❺	スキルアップ

出典：デロイト トーマツ コンサルティング

例えば、店舗でアバターが接客する事例については、その中身を人間ではなく、生成AIに担当させることにより、相対する顧客はまるで人間の店員と会話しているような体験が得られるだろう。

このアイデアはあらゆる場面に応用可能で、例えば、社内会議で法的な知見をその都度アドバイスしてほしい場合、弁護士AIアバターに確認したり、社内外の事例をアドバイスしてほしい場合には、リサーチャーAIアバターに確認するなど、相手が機械であることをあまり認識せず、自然なコミュニケーションが行われるようになることが想像される。

3. Web3.0

Web3.0とは、ユーザーの情報やデータの所在を中央集権的にプラットフォーマーに委ねていたWeb2.0と対比して、ユーザーの情報・データをユーザー自身が真に所有し、扱っていくことを志向したインターネットインフラ、およびその思想・気運を指す。(図5-3)

わかりやすい例で言うと、オンラインゲームで長時間遊び、育成したキャラクターも、サービスが終了してしまえばユーザーの手元には残らないというような状況がWeb2.0だ。極論すると、GAFAMが提供しているサービスはほとんどの読者が何かしら利用していると思われるが、これらのテックジャイアントがサービスを中止してしまえば、そのデータはユーザーや企業の手元に残らない可能性があるということだ。

そうした状況に対する問題意識から、ユーザー側に情報やデータの所有権と権限を取り戻す機運が、「ブロックチェーン技術」の進展とともに高まり、Bitcoinをはじめとするさまざまな新しい時代のサービスが始まっている。

ブロックチェーンとは「所有を証明する技術」であり、たとえデータや情報が複製されても、元の所有者を証明できる。ここでは技術の具体的な

図5-3　Web2.0とWeb3.0のイメージ

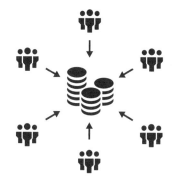

Web2.0
企業などが中央集権的に情報を管理

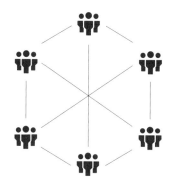

Web3.0
ユーザーが分散して情報を管理

出典：デロイト トーマツ コンサルティング

　説明は避けるが、ブロックチェーン技術により、データの所有を証明する
だけでなく、証明した結果を改ざんできないようにする仕組み、と理解い
ただければよいだろう。

　では、このような中央集権的な管理者のいない分散型のインターネット
インフラや、これを利用するユーザーが増えた結果、どのような状況が生
まれたのか。これを代表するのがDAO（Decentralized Autonomous Organization：
分散型自律組織）である。 DAOは外部からの支配や制約を受けることのな
い非中央集権的な組織である。

　通常の企業では、経営と執行があり、そこにある資産の管理や企業活
動の方針策定、実行は中央集権的に行われる。

　対して、DAOでは最初に一定のインセンティブを伴うプログラム（仕組
み）があり、その周りに人が集まってコミュニティを組成するという形態
を取る。

　DAOの具体的な事例として、DAO型シェアハウスを運営する「Roopt

神楽坂DAO」というプロジェクトがある。株式会社巻組は、シェアハウスの運営にDAOの仕組みを取り入れ、入居者、およびその他の出資者が自律的・全面的に運営に関与することにより、「理想の住環境」の実現を目指している。

　従来型のシェアハウスの場合、物件オーナーが中央集権的に市場ニーズを想定して入居者募集や環境改善をするのが通常であるが、多様化するニーズにきめ細かく対応することが困難である。

　例えば、入居者から住環境の改善について提案がある時、入居者が大家と直接交渉するしかなく、それが実現したとしても入居者個人に対する経済的なメリットがない。また、大家にとっても、他の入居者や将来価値も含めた全体最適解を見つけるのは難しい状況である。

　そこで、シェアハウス運営にDAOの仕組みを取り入れることにより、入居者・出資者が自律的に運営し、この課題を解決しようとしている。

　プロジェクトの発足自体は巻組が主導しているが、実際のシェアハウスの管理・運営についてはDAOが自律的に実施している。

　例えば、1トークン3万円を発行しており、トークンを消費することで、①Roopt神楽坂への1か月入居 ②巻組が提供しているRoopt全物件での7泊8日ワーケーションのいずれかに使用することができる（2023年1月時点）。トークンを保有することでDAOの意思決定に加われるほか、Roopt神楽坂のコワーキング的な利用が可能となっている。

　このDAO型シェアハウスは、年間の予算が巻組から示され、予算の使用方法の決定はDAOメンバーで自由に決定することになっている。コミュニケーションはチャットサービスであるDiscord上で誰もが閲覧できる（透明性が担保されている）状態で行われ、Roopt神楽坂の価値向上につながる取り組みや、その取り組みに対する報酬をどのように支払っていくべきかという報酬の仕組みや、各部屋をジェンダーフリーにするかといったシェアハウス運営などの議論が展開されている。

発行されているトークンの購入・保有を通じ、誰もが運営に参加でき、かつ検討内容も透明性が高い。多様な個人が分散して権限を有し、自律的に組織運営が検討される。これがDAOである。

出典：「Roopt NFT Kagurazaka ついて」
https://roopt.jp/roopt-nft-kagurazaka/

　ブロックチェーンの技術の発展に伴い、Web3.0ならびにDAOは存在感を増すものと考えられる。一方で、Web2.0のニーズは依然として続き、両方の概念が併存する世界が予想されている。

02 | 10年後の企業活動、雇用のあり方

注目されるグリーントランスフォーメーション

　これらの個別のケースを見ても、従来、人が担っていた仕事は、新しい技術によって一部を代替、もしくは強化される可能性が高い。また、グリーントランスフォーメーションの文脈でも雇用へのインパクトがある。

　日本を含めた世界各国では、温室効果ガスの2050年までのネットゼロを目標に、国と企業とが連携して能動的に移行することが求められている。「能動的な移行」は178兆米ドル相当のGDP損失が見込まれるが「能動的な移行」により、世界全体で43兆米ドル相当の経済厚生（人々の幸福度を示し、マクロ経済学において生産関数を用いて表されるもの）を回復することが可能と推計されている。

　その一方で、「従来エネルギーに依存した産業の混乱」と「不可避な環境損失」という2種のリスクを伴っている。

　例えば、資源・燃料の価格変動や設備・資本刷新の必要性に加え、屋外労働の負担増、海面上昇・土地の減少、生産性・収穫量の減少といった影響が想定されている。

　これらのリスクを通じ、火力発電所職員やエンジン部品職人、トラック運転手、農家、屋外建設作業員といった、従来エネルギー業界、重工業/製造業、運輸業、農林水産業、建設業などが収入/生産性低下/失業のリスクに晒される。（図5-4）

図5-4 「能動的な移行」に伴う2種のリスクと産業の脆弱性

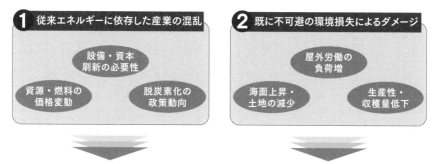

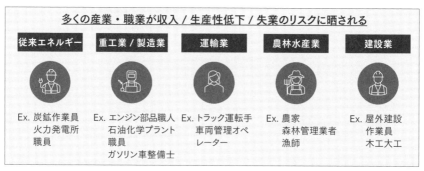

出典：Deloitte Economics Institution「Work towards net zero −グリーンカラーの勃興−」2023年

　極端な気候変動と排出集約型産業に制約を課すネットゼロへの経済移行により、世界労働人口の1/4に相当する8億人以上の雇用が影響を受ける可能性があると言われている。

　日本では中京・東海・関東内陸エリアにかけて製造業に従事する労働者の割合が高く、「能動的な移行」の影響を受ける可能性のある国内の雇用は2020年時点で1,500万人を超えている。（→次ページ・図5-5）

図5-5　気候変動が日本の労働者に与える影響（ジョブ脆弱性指数）

ジョブ脆弱性指数

◆日本では製造業の産業集積が進む
中京・東海・関東内陸エリアにかけて
脱炭素化の影響を受ける地域が多い

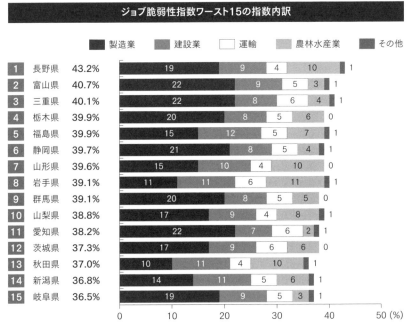

ジョブ脆弱性指数ワースト15の指数内訳

製造業　建設業　運輸　農林水産業　その他

			製造業	建設業	運輸	農林水産業	その他
1	長野県	43.2%	19	9	4	10	1
2	富山県	40.7%	22	9	5	3	1
3	三重県	40.1%	22	8	6	4	1
4	栃木県	39.9%	20	8	5	6	0
5	福島県	39.9%	15	12	5	7	1
6	静岡県	39.7%	21	8	5	4	1
7	山形県	39.6%	15	10	4	10	0
8	岩手県	39.1%	11	11	6	11	1
9	群馬県	39.1%	20	8	5	5	0
10	山梨県	38.8%	17	9	4	8	1
11	愛知県	38.2%	22	7	6	2	1
12	茨城県	37.3%	17	9	6	6	0
13	秋田県	37.0%	10	11	4	10	1
14	新潟県	36.8%	14	11	5	6	1
15	岐阜県	36.5%	19	9	5	3	1

0　　　　10　　　　20　　　　30　　　　40　　　　50 (%)

出典：Deloitte Economics Institution「Work towards net zero −グリーンカラーの勃興−」2023年/
総務省統計局「国勢調査」令和2（2020）年
調査の集計結果は小数点を四捨五入して表示しており、内訳と一致しない場合があります。

一方で、協調的な脱炭素化と適切な政策を通じた「能動的な移行」の実現により2050年までに世界全体で3億人以上、日本においては200万人以上の新しい雇用を創出することが可能とも言われており、これら新しい雇用・職種に向かってリスキリングを考えていくことが重要だと言えよう。

出典：Deloitte Economics Institution

　これらの技術の進化、社会課題の変化は、企業にとって、人間にとって機会なのか、脅威なのか。それは、「両方」である。

　各種メディアでセンセーショナルに「脅威」の側面が取り上げられがちではあるが、同時に人を単調な仕事や労働集約的な仕事から解放し、新しい付加価値・仕事に従事する「機会」になると考えられる。

　個別のユースケースは前述のとおりであるが、特に生成 AIを構築するための大規模言語モデル（大量のテキストデータを使ってトレーニングされた自然言語処理のモデル）の登場により、労働市場に大きな影響を及ぼすことが想定される。

　これは企業と個人の双方にとって大きな「機会」である。企業にとっては、人材不足や残業時間の削減に悩まされている問題の解消につなげることができるし、働き手にとっては、より自身のための時間や別のやりたい仕事に時間を振り向けることができる。

　この「機会」は多くの企業に公平に与えられる。裏を返せば、新技術の導入と生産性の向上や新ビジネスの創出は、取り組みのスピードによって（もしくは取り組まないことによって）企業に大きな競争力の差を生む。

　取り組みに対するスピードや知見の獲得、リソース投下を担保できるかによって、競争力のある企業とそうでない企業を二極化する可能性があるということだ。

03 | 10年後のキャリアのあり方

長期的な視野で見たキャリアを考える

　2023年8月現在、経済産業省、および情報処理推進機構（IPA）よって生成AIをはじめとする新しい技術の登場・普及に伴う「DXリテラシー標準」が、一部改訂された。

　データリテラシー（機械判読可能なデータ入力方法、データ流出の危険性など）や、コンプライアンスに関する内容の追加・修正に加え、マインド・スタンスとして「問いを立てる」「仮説を立てる・検証する」能力の重要性、著作権や知的財産権の権利侵害、情報漏洩、倫理的な問題に注意することの重要性について記載されている。

　それ以上に筆者が重要性を感じているのは、マインド・スタンスの追加文言として触れられている「生活やビジネスへの影響や、近い将来の身近な変化にアンテナを張りながら、変化をいとわず学び続けている」という点である。本節でも未来予想として新技術の仕事やスキルへの影響に触れるが、各種メディアや書籍などの情報・知見に触れ、数年、十数年後に自身のキャリアや仕事がどう変化しそうなのかを、自律的に予測しながらリスキリングしていく能力そのものが、非常に重要になっている。

　そうした能力の有無によって、ビジネスパーソンが得られる機会や恩恵は、企業と同じく二極化していく可能性が高い。

　既に重要な能力・スキルについて日本としての標準が策定されているが、さらに数年後、2030年ではどのようになっているか、本節で考察したい。

図5-6は、これまでに示した新技術の浸透によって、各職種がどのような役割（ロール）を担い、どのようなボリュームが必要となるのかを予想した「未来の人材ポートフォリオ」だ。

図5-6　未来の人材ポートフォリオイメージ

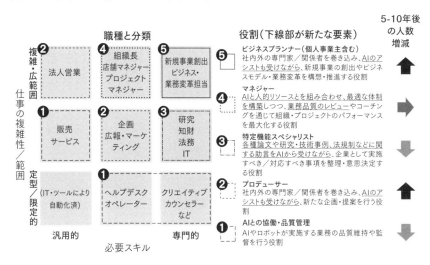

出典：デロイト トーマツ コンサルティング

　各職種を、「仕事の複雑性/範囲」「必要スキル（汎用的か専門的か）」の軸で整理し、次の5つの役割（ロール）を設定している。

①**AIとの協働・品質管理**：販売、サービス、ヘルプデスク、オペレーター、クリエイティブ、カウンセラー など

②**プロデューサー**：法人営業、企画、広報・マーケティング

③**特定機能スペシャリスト**：研究、知財、法務、IT

④**マネジャー**：組織長、店舗マネジャー、プロジェクトマネジャー

⑤**ビジネスアーキテクト**：新規事業創出、ビジネス・業務変革担当

特にAIのような汎用的に仕事へ活用できる新技術は、いずれの役割（ロール）でも活用することが「当たり前」になる。

　従来求められるスキルの水準に達していなくとも、AIのアシストで企画的な仕事や専門的な仕事に就く可能性もある。例えば、これまでは経験・知見豊富な有識者や企画担当者が、自身の知見・ネットワークに基づき企画・構想してきた仕事の経験や知見をAIが提供し、人は「問い・仮説を立てる」「意思決定する」仕事に集中できるようなイメージだ。

　一方で、「汎用的な仕事や業務内容が定型的」「業務範囲が限定的な職種」は必要とされる人数が減少し、人間の仕事はAIやロボットの品質管理（監督）が中心になる可能性がある。例えば、小売店舗の販売・サービスは生成AI搭載のデジタル・ヒューマンやアバター、ロボットが担い、品質監督したりトラブル対応を人が担うといった具合だ。

　企業として生産性向上やビジネスの発展を推進していくにあたり、新技術を導入するだけでなく、今いる人材をどのような役割（ロール）にリスキリングしていくかの青写真を描く必要があるだろう。「汎用的な仕事や業務内容が定型的」「業務範囲が限定的な職種」はビジネスアーキテクトやプロデューサーという役割（ロール）への転換とリスキリングが求められる。

　「普段、定型業務しかやったことがないメンバーに、いきなり企画業務を担当させることは難しいのではないか」と多くの読者は思われるかもしれないが、特に生成AIはアイデア出しやブレスト、検討ステップの提示、各種調査・整理、資料化に関するサポートが可能で、企画業務の大部分をアシストしてくれる。つまり、企画力に自信がなくとも、生成AIが補ってくれるということだ。従来のスキルがなくとも、新技術によるアシストを受け、従来求められる役割（ロール）を果たせるようになるのである。

　では、そのような状況において人間はどのようなスキルや能力が求められるようになるのか。どのような役割（ロール）であっても共通的に必要な

素養として「コンピテンシー・マインド」、各役割を果たすために必要な技能として「経験・成果・スキル・知識」を図5-7で整理した。

図5-7　未来の人材役割（ロール）別 必要スキル・能力

	ビジネスアーキテクト	マネジャー	特定機能スペシャリスト	プロデューサー	AIとの協働・品質管理
経験・成果	社内外の専門家／関係者を巻き込み、AIのアシストも受けながら、新規事業の創出やビジネスモデル・業務変革を構想・推進する役割	AIと人的リソースとを組み合わせ、最適な体制を構築しつつ、業務品質のレビューやコーチングを通じて組織・プロジェクトのパフォーマンスを最大化する役割	各種論文や研究・技術事例、法規制等に関する助言をAIから受けながら、企業として実施すべき／対応すべき事項を整理・意思決定する役割	社内外の専門家／関係者を巻き込み、AIのアシストも受けながら、新たな企画・提案を行う役割	AIやロボットが実施する業務の品質維持や監督を行う役割

スキル・知識

専門スキル

ビジネスアーキテクト	マネジャー	特定機能スペシャリスト	プロデューサー	AIとの協働・品質管理
戦略・企画立案	リーダーシップ	探索・調査	企画立案	ホスピタリティ
エコシステム形成		ビジネス理解		
ビジネスモデリング	リソース管理	特定機能専門性	渉外・調整	品質管理
デザイン思考	品質管理		ネットワーク	

ベーススキル
- 論理的思考力、言語化能力
- データの種類、読み取り方、利活用、判断方法に関する知識・理解
- 新技術の知識・利活用方法の知識・理解（AI、クラウド、ハードウェア・ソフトウェア、ネットワーク、メタバース など）

コンピテンシー・マインド

実践
- 情報・データに関する権利侵害・情報漏洩・倫理的な問題に対応する
- データ入出力に関するルール・マナー（機械判読可能なデータ整備）などを知り、実践する
- 問い・仮説を立て検証する

学習
- 変化をいとわず学び続ける
- 近い将来の身近な変化にアンテナを張る

出典：デロイト トーマツ コンサルティング

コンピテンシー・マインド

「求められるスキル・能力」と聞くと、「何らかの資格を取得しなければ」とか「過去に営業経験が必要だ」といった外形的な要素を想起しがちであるが、環境変化の激しい時代において、資格や経験で身につく能力は、企業側の需要としては変化しやすい。一部の仕事については、AIをはじめとする各種技術によって代替されてしまう可能性があるからだ。

重要なのは、そうした専門知識や経験を、企業側のニーズに合わせて変化させ続けられる「コンピテンシー・マインド」（行動特性・精神）である。

生成AIは一般的な（公開されている）情報・データを収集・構造化・整理してくれるため、今後、人間に求められることとして、「どのようなビジネスや企画が顧客やユーザーへの価値になるのか」について考え、問い・仮説を立て、検証するプロセスが重要になる。

これまでデータの収集や整理・構造化・分析に多くの時間を費やしていたが、こうした業務から解放され、「価値とは何か」を突き詰める時間に割けるようになる。さらに今後は、機械やAIがデータを判読し、期待する出力結果を担保できるようなデータリテラシーが非常に重要になる。

一般的に、とりあえずデータを読ませればAIは何らかの出力をしてくれると思われがちであるが、総務省が提示する「統計表における機械判読可能なデータの表記方法の統一ルールの策定」にあるように、適切に整備されたデータでなければ機械は読み取れない（Excelのセルを結合して「1セル1データ」の原則を順守できていない事象はよく生じる）。今後、より効果的に機械・AIを活用していくため、データ入出力に関するルール・マナーの理解・実践が重要となる。

一方で、機械・AIは必ずしも人が期待した結果を出力しない、もしくは正しくない結果を出力する可能性もある。また、悪意を持った人が虚偽の内容を出力するようAIに学習させ、人を誤った方向に導こうとする

ようなリスクもあるだろう。AIによって出力された内容を利用することによって、知らず知らずのうちに著作権を侵害する可能性もある。逆に自社の機密情報や個人情報をAIに学習させてしまい、情報漏洩が生じてしまうようなリスクもある。

このように、権利侵害や情報漏洩、倫理的な問題に関する基礎知識がなければ、さまざまなリスクが顕在化してしまう可能性をはらんでいる。

ここまで述べたように、機械・AIを活用することが当たり前の時代においては、これまで以上に次のコンピテンシー・マインドが重要となる。

- 近い将来の身近な変化にアンテナを張る

- 変化をいとわず学び続ける

- 問い・仮説を立て検証する

- データ入出力に関するルール・マナー（機械判読可能なデータ整備）を知り、実践する

- 情報・データに関する権利侵害・情報漏洩・倫理的な問題に対応する

特に1点目・2点目は今後人材が継続的に活躍し続けるためのリスキリングに非常に重要な素養となる。言い換えれば、このような素養は今後のビジネスパーソンに必須（それこそ採用面接で見極めるレベル）な要素と言えるだろう。

経験・成果・スキル・知識

ベーススキル：全役割（ロール）共通

人が共通的に保有すべき素養をコンピテンシー・マインドとして整理したが、外形的な学習・トレーニングを通じて身に付けるべき能力のうち、どのような役割（ロール）であっても共通的に保有すべきスキルを「ベー

ススキル」と定義している。まず初めに、私たち多くのビジネスパーソンがパソコンやスマホを使いこなしているが、専門的ではないにしても中身がどう動いているかを何となく理解しているように、私たちが生活・仕事において活用している各種ツールやシステムについて、どのような技術が使われ、どのように動いているのかを理解しておくことが重要だ。

今後、新たなツールや技術が次々に登場し、ビジネスに活用することが当たり前になっていくことを考えると、数年後にどのような技術が利用されるようになるのか、その結果、どのようなビジネス上の影響があるのかについても知識として保有しておくことが重要だ。

例えば、AIは知識がない人からすると、あたかもなんでもできる「ドラえもん」のような幻想を抱いてしまいがちであるが、非常にざっくり述べると、大量のデータを学習し、どのような内容を出力すると妥当かを確率的に判定し、出力しているものである。そうした知識があれば、おのずとAIにできること、できないこと、それらの性能が中長期的にどう改善・発展していきそうかを部分的ではあっても予想できるため、自身のビジネスやキャリアにどう生かすかも検討することができよう。

また、「コンピテンシー・マインド」の項（→268ページ）でも触れたが、機械やAIの出力に必要となる「データ」の知識も、今後、広くビジネスパーソンには必要となる。データにはどのような種類があり、どのように利活用され、機械やAIはどのように判読するのかに関する知識は、ドラえもんの例のように、機械・AIができること／できないことを適切に認識する上で重要だ。

これらは技術的な観点でのスキル・知識となるが、生成AIやメンバーに対して、論理的に理解できるよう適切に言語化・構造化された情報をインプットすることにより、適切にアウトプットしてもらうスキルも重要性が増す。これまで語ってきているように、人の仕事は企画立案にシフトしていく可能性が高い。企画立案にあたっては、仮説や検証のためのアプロー

チを、論理的・合理的に導くとともに、AIやメンバーに正しく理解してもらうことが肝要だ。そのため、このような論理的思考力、言語化力が重要となる。

　ここまでの話をまとめると、**ベーススキル**としては、次の要素が求められる。

- 論理的思考力、言語化能力

- データの種類、読み取り方、利活用、判断方法に関する知識・理解

- 新技術の知識・利活用方法の知識・理解（AI、クラウド、ハードウェア・ソフトウェア、ネットワーク、メタバースなど）

　ただしこのベーススキルはコンピテンシー・マインドと異なり、環境変化の加速によって変化する可能性があるものとして認識していただきたい。

専門スキル（役割：AIとの協働・品質管理）

　ここからは、各役割（ロール）を果たす上で求められる専門スキルについて解説していきたい。

　改めての説明になるが、「AIとの協働・品質管理」は、「AIやロボットが実施する業務の品質維持や監督を行う役割」である。従来は販売、サービス、ヘルプデスク、オペレーター、クリエイティブ、カウンセラーといった、顧客やユーザーとの直接的な接点を有する職種や、オペレーション的な業務を担う職種であったが、このような顧客接点や業務プロセスがデジタル・ヒューマンやAIに置き換わり、代わりに、このような機械が提供するサービス品質を監督したり、品質向上に向けた調整・学習を行うような仕事へシフトしていくことが想定される。

　あるいは、人とAIとが顧客へのサービス提供時にタッグを組んで行うようなことも想定される。例えば、1つの小売店舗において現在もセルフレジと有人レジが並列で存在するように、デジタル・ヒューマンレジと有

人レジが並列で置かれたり、高齢者向けにデジタル・ヒューマンと人が一緒に接客することはあるかもしれない。

　カウンセリングという業務においても、既にAIによるカウンセリングサービスはいくつもリリースされており、ある意味、24時間何でも相談し放題という意味では、人以上のパフォーマンスを発揮する可能性もある。

　このように、従来顧客接点やオペレーション業務といった、既に一部自動化されている領域は、デジタルではありつつ、一定のヒューマンタッチな顧客接点を形成することができるようになり、さらに自動化は促進される可能性が高い。人は、それらの機械やAIのサービス品質を管理する役割（ロール）となっていくことが考えられる。

　これを踏まえると、「AIとの協働・品質管理」に求められる専門スキルは、機械やAIが顧客接点において台頭してくる中で、相対的に価値の高まる「ホスピタリティ」と、機械やAIの業務・サービス品質を監視し、適宜調整・再学習する「品質管理」のスキルが重要になってくるだろう。

専門スキル（役割：プロデューサー）

「プロデューサー」は、「社内外の専門家/関係者を巻き込み、AIのアシストも受けながら、新たな企画・提案を行う役割（ロール）」である。法人営業、企画、広報・マーケティングといった職種が相当し、これまでの各種調査や企画・提案書の作成、発信物の制作といった仕事が、生成AIによってタスクの大部分で自動化・加速され、より迅速に、より高品質にアウトプットできるようになる。

　企画案の作成や調査、制作といった「アウトプット」に関する時間は大幅に削減され、代わりにアウトプットを携え、多くの社内外関係者とつながり、ビジネスを発展させるためのネットワーキングや、渉外・調整に時間を多く割くことができるようになるだろう。そこには、人間だから可能な「身体性」「人間臭さ」が、顧客との信頼関係を築く上での付加価値

になると考えられる。AIが示唆する提案について、人として信頼を受けている者が改めて推奨することにより、企画や提案に対しGoが出るといったようなイメージだ。

　もちろん、これまで企画立案のスキルが不足しており、このような職務に従事できなかった人が、AIのアシストを受けてプロデューサーとしての役割（ロール）を果たせるようになることも想定される。

専門スキル（役割：特定機能スペシャリスト）

「特定機能スペシャリスト」は、「各種論文や研究・技術事例、法規制などに関する助言をAIから受けながら、企業として実施すべき/対応すべき事項を整理・意思決定する役割（ロール）」である。研究、知財、法務、ITといった職種が相当し、特に研究、知財、法務は特定領域の専門知見に基づき、調査・研究、整理・構造化、示唆出し・提言といった仕事がメインになる。ITについては、昨今DXで大きな役割（ロール）を果たしていることから、次項（→274ページ）でより詳細に解説する。

　本役割においては、公開情報や、これまで社内に蓄積した膨大なデータを、人の指示や入力内容に応じて生成AIが適切に抽出・整理・構造化し、示唆出しや提言を行う。人はその内容について、ビジネスや利用時の局面に応じたニュアンスも踏まえて取捨選択や再度指示を行い、回答結果をとりまとめてビジネス側や経営に対し提言を行うようなプロセスになっていくものと思われる。

　これまで、調査や整理・構造化について膨大な時間がかかっていたが、特に生成AIが活躍することによって、人はこれらの結果を踏まえた最終化や、ビジネス側・現業側への提言を行うような役割に集中できる。

　また、生成AIが提示する回答結果の品質管理や、パフォーマンスを踏まえた再学習が、本役割の中心的な仕事になる。そのためには、自身の専門的知見を蓄積し、AIの回答結果をレビューできる能力を保有しておく

必要がある。AIは特定領域の膨大なデータに基づく示唆や提言を行う一方で、人はビジネス側の状況や業務理解、カルチャーを踏まえ、適切に翻訳・カスタマイズして、ビジネス側・経営に提言を行うという価値発揮の仕方が求められるだろう。

さらに、データ化されていないような情報や研究結果、事例は、自ら「足で」調査・探索することも考えられる。例えば、特定の大学の研究室に赴き、研究者にインタビューを行うといったケースや、人のネットワークを通じて有識者を紹介してもらうなどである。

悩ましいのは、AIが膨大なデータから専門的見地に立って提言できるようになると、人は専門的知見を蓄積する必然性や機会が奪われる可能性があることだ。

この状況が継続すると、品質管理を行える人材が育たない、といった状況も生まれかねない。そのため企業は品質管理可能な本役割の人材を、「意図的・計画的な投資としてのプロセス」を経て育成することが求められる。わかりやすく言うと、現在もそうだが検索すれば即時にわかるような知見・情報についても、あえてインプット・アウトプットするような機会を作り、育成していくということだ。

専門スキル（役割：特定機能スペシャリスト〔補足〕：IT）

ITに関連する職種についてはAIをはじめとする各種新技術を普及・浸透させていく役割（ロール）として重要であるため、個別に解説する。

前段で解説した生成AI、メタバース、Web3.0といった新技術を社内で構築・展開するには、DXやITに関する深い知見を有し、現業のビジネス部門に展開していくような機能が求められる。

具体的には、「**CTO**（Chief Technology Officer/Chief Technical Officer：最高技術責任者）」「**新技術活用・促進組織**」「**エンジニア・技術研究組織**」「**ガバナンス組織**」である。（図5-8）

図5-8　新技術浸透に向けた機能・組織（イメージ）

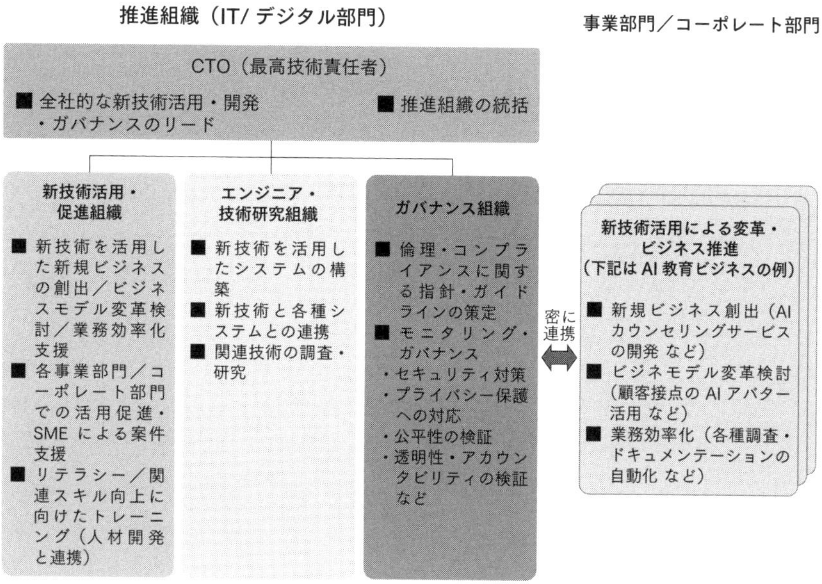

推進組織（IT/ デジタル部門）　　　　　　　　　　　　事業部門／コーポレート部門

CTO（最高技術責任者）
- 全社的な新技術活用・開発・ガバナンスのリード
- 推進組織の統括

新技術活用・促進組織
- 新技術を活用した新規ビジネスの創出／ビジネスモデル変革検討／業務効率化支援
- 各事業部門／コーポレート部門での活用促進・SME による案件支援
- リテラシー／関連スキル向上に向けたトレーニング（人材開発と連携）

エンジニア・技術研究組織
- 新技術を活用したシステムの構築
- 新技術と各種システムとの連携
- 関連技術の調査・研究

ガバナンス組織
- 倫理・コンプライアンスに関する指針・ガイドラインの策定
- モニタリング・ガバナンス
・セキュリティ対策
・プライバシー保護への対応
・公平性の検証
・透明性・アカウンタビリティの検証
など

密に連携 ⟷

新技術活用による変革・ビジネス推進（下記は AI 教育ビジネスの例）
- 新規ビジネス創出（AI カウンセリングサービスの開発 など）
- ビジネモデル変革検討（顧客接点の AI アバター活用 など）
- 業務効率化（各種調査・ドキュメンテーションの自動化 など）

出典：デロイトトーマツ コンサルティング

　CTO は、経営者として全社的な新技術の活用・開発・ガバナンスを統括するポジションであり、技術的な視点から全社の変革をリードする役割（ロール）である。このポジションは経営層の意識変革や、経営戦略策定において、その知見から提案・進言をしていくことが求められる。なお、本ポジションは例えばAIにフォーカスを当てたポジションであれば「CAIO」と称し、AIの活用・開発・ガバナンスをリードするような役割（ロール）を担うこともある。

　「**新技術活用・促進組織**」では、自社のビジネスや強み、経営戦略に照らし、新技術を活用した新規ビジネス創出やビジネスモデル変革の検討、業務効率化を推進する機能である。本組織が主導してこれらを検討するケースもあれば、各事業部門が主導する検討にアドバイザー（SME：Subject Matter

Expert）として関与することもある。また、全社的なリテラシー・関連スキル向上に向けた人材育成計画の検討や、トレーニングコンテンツの提供といった機能も有する。

「**エンジニア・技術研究組織**」では、新技術を活用した新システムの開発・構築、既存システムとの連携、関連技術の調査研究を担う。具体例として、ChatGPTのような生成AIを自社のビジネス環境や蓄積されたデータも活用できるような自社特化生成AIとして開発したり、自社の基幹システムにユーザーインターフェースとして組み込むといったような開発が考えられる。なお、自社で本機能に関する知見を有した人材を確保するケースもあれば、外部の協力会社へ委託するケースもある。

「**ガバナンス組織**」はエンジニア・技術研究組織が「アクセルを踏む」のに対し、適切に「ブレーキを踏む」部門である。新技術を活用するにあたり、情報漏洩のリスクや他者の権利侵害といった事象が生じないよう、全社的なモニタリング体制、ガイドラインや規程の策定といった機能を担う。

例えば、バーチャル空間において、通常、リアル空間では生じにくいような好ましくない行動（人種的、セクシュアル、ストーキングなど）が起きている。

このような行動を制し、バーチャル空間でも一社会人、一ビジネスパーソンとして適切に振舞うガイドラインの策定・周知、モニタリング体制の構築が考えられる。これらの機能・組織は、各事業部門/コーポレート部門と密に連携し、全社的な変革を推進していくことが期待される。

このような組織において活躍する職種は、経済産業省・情報処理推進機構（IPA）が公開している「DX推進スキル標準（DSS-P：デジタルスキル標準）2023年8月時点版」において定義している5種類の人材類型を参考にすると次のとおりになる。

- 新技術活用・促進組織：ビジネスアーキテクト、デザイナー、データサイエンティスト

- エンジニア・技術研究組織：デザイナー、データサイエンティスト、ソフトウェアエンジニア、サイバーセキュリティ
- ガバナンス組織：データサイエンティスト、ソフトウェアエンジニア、サイバーセキュリティ

　企業の特性やビジネスに応じて対応関係は変わるものの、標準的にはこのような配置になるだろう。なお、「ビジネスアーキテクト」については推進組織と事業部門/コーポレート部門双方に必要となる役割である。前者においてはより全社的な視点で、後者は各事業/機能に特化した視点で変革を検討するような役割となる。

専門スキル（役割：マネジャー）

「マネジャー」は、「AIと人的リソースとを組み合わせ、最適な体制を構築しつつ、業務品質のレビューやコーチングを通じて組織・プロジェクトのパフォーマンスを最大化する役割」である。組織長、店舗マネジャー、プロジェクトマネジャーといった職種が相当する。

　本役割は、伝統的なマネジャーとしての役割を踏襲しつつ、リソースという観点では、人だけでなくAIやロボットも加味して要員確保・マネジメントしていくことが求められる。また、人だけでなく、AI・ロボットが生成・実施するアウトプットに対する品質管理も重要である。

　組織として新技術への対応・適応を促し、活用し、メンバーのリスキリングを推進していくためのリーダーシップを強く発揮していくことも、これまで以上に求められる。よく、DXにあたって「従来踏襲型」のマネジャーが阻害要因になっている、と取り上げられることがあるが、むしろ企業変革、個々人のリスキリングを推進していく立場として、ビジョンを語り、率先垂範で進めていくことが求められる。

専門スキル（役割：ビジネスアーキテクト）

「ビジネスアーキテクト」は、「社内外の専門家/関係者を巻き込み、AIのアシストも受けながら、新規事業の創出やビジネスモデル・業務変革を構想・推進する役割」である。新規事業創出、ビジネス・業務変革担当といった職種が相当する。

ビジネスアーキテクトの役割は、デジタルスキル標準でも「ビジネスアーキテクト」として定義されており、その役割と大きな相違はない。また、新技術の活用を推進していく組織にも、事業部門/コーポレート部門にも双方に置かれる。

この役割を推進するには、顧客の課題やペインポイント（お金を払っても解決したい悩み）に共感し、その課題・ペインポイントを解決する方法を、収益性の観点も含めて自社ビジネスとして成立させるモデルを検討し、社内外の有識者とその実現方法を企画立案するというスキルが求められる。

また、新規ビジネスだけではなく、既存ビジネスの変革や、業務効率化という点でも、ビジネスモデリングやデザイン思考手法を駆使して推進していくことが求められる。

重要な点は、AIやロボットによって、人の役割が「提供価値を考える」ことにシフトしていくことを踏まえると、ビジネスアーキテクトという役割を担える人材を各企業で増やしていくことが求められるということだ。「このような高度な人材を多く輩出することは現実的ではない」と読者は思われるかもしれないが、一方でアイデア出しや企画立案の手法については、生成AIや多くの外部協力企業においてサポート・アシストできる環境が整ってきている。

企業として、個人として、そのような機会を捉え、計画的にリスキリングしていくともに、ビジネスアーキテクトが活躍できる組織体制を構築することが、今後は重要となるだろう。

グリーンカラーの出現

　ここまで、技術的な進化に基づき人材役割とスキルの考察を行ってきた。これに加え、気候変動に対応するためのグリーントランスフォーメーション（Green Transformation：GX）に必要な人材や、気候変動によって影響を受ける人材についても触れたい。

　温室効果ガス排出量抑制、吸収量増加のために、技術の進化に伴う労働需要の変化がありつつも、一部の職業において現在のスキルやタスクを維持しながら需要が増加する。

　例えば、水素研究者、農業検査官、地質学者といった特定機能スペシャリストや環境負荷マネージャー、モーター生産ライン作業者、電機エンジニア、プラント作業員、電設作業者のような品質管理者・オペレーターといった職種はニーズがあるだろう。

　また、製造プロセスやサプライチェーンの一部が変化し、現在のスキルやタスクの内容が変化する職種も存在する。

　例えば、都市プランナーや建築家、グリーンマーケター、物流マネージャーや、電気自動車デザイナー、水素電池エンジニア、太陽光発電エンジニア、風力発電エンジニアが該当する。

　これに加え、製造プロセスやサプライチェーンが全く新しくなることで、新たに登場する職種もあるだろう。

　例えば、最高サステナサステナビリティ責任者（Chief Sustainability Officer：CSO）やカーボンクレジットトレーダー・アナリスト、エネルギー消費監査、温室効果ガス最適化コンサルタント、リサイクルマネージャーといった職種の登場が予想されている。

図5-9　グリーンカラー労働力

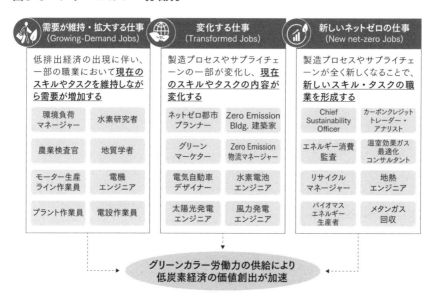

出典：グリーンカラー労働力の類型・職種については Deloitte Economics Institution、O*NET
「Green Occupation」
https://www.onetcenter.org/dictionary/21.1/excel/green_occupations.html

　これらの職種は「グリーンカラー」と称され、企業や社会の温室効果ガ
ス抑制に向けた研究から、具体的なプランの検討、設備の構築、これらを
リードする経営ポジションといった職務を担う存在として位置づけられる
（図5-9）。なお、2023年時点において、日本国内でも一部採用プラット
フォームにおいてGX人材の求人が増加傾向にあることから、グリーン人
材の獲得競争は国内でも生じつつある可能性がある。

想定される未来のリスキリング

　ここまで、「未来の人材ポートフォリオ」「未来の人材役割」と称して、
5年後・10年後の仕事の質・量について予測・解説してきた。

具体的なリスキリングの手法については、未来であれ、現在であれ、他章で解説した内容と相違ない。

　重要なのは、未来予測を踏まえ、自身はどのような役割を目指しキャリアアップしていくのか、もしくは企業としてどのような人材ポートフォリオを描き、リスキリングの計画を策定していくのかである。

　そのような動きは今後加速していくことが予想されることから、どうか中長期的な視点をもって、企業・個人双方においてリスキリングに取り組んでいただきたい。

おわりに

　リスキリングは、国・地方自治体、企業（ビジネス・人事）、個人のいずれの観点からも語ることができる、いわば垂直的なテーマであると考えている。

　しかし、本文中でもお伝えしてきたように、国・地方自治体や企業ができることは、主に事業の方針を踏まえたリスキリングの方向性の設定、施策の策定、および個人の支援を行うことであり、実際にリスキリングを自分の時間を使って実行するのは私たち一人ひとりである。

　インプットするだけでは足らず、実践を通じて自らのスキルとマインド・スタンスを変え、社内、あるいは社外の現状と異なる仕事にチャレンジする（そこでパフォーマンスを上げる）まで進めることが「リスキリング」であり、さらにそれらは一度で終わらず、継続的に行っていく必要がある。

　と、ここまで書くと「なんて大変なのか」「なんて面倒くさいのか」と感じる方もいると思うが、筆者は「リスキリング」とは、私たち一人ひとりが、自分の意志で未来を切り拓いていくためのワクワクする旅（ジャーニー）だと捉えている。

　冒険の旅に出て、パーティの仲間と困難を乗り越え、目的を達成する中で、自らのスキルを磨き、新しいスキルを身に付ける。そして、そのスキルをまた別の冒険で活用するといったような、われわれ自身の冒険譚だと思う。

　もちろんリアルな世界では、さまざまな制約や縛りもあり、リスキリングに取り組まざるを得ない状況に置かれている方もいるだろう。

　しかし、明らかに以前と変わってきている前向きな変化は、冒険する機会が「転職一択ではない」ということである。

変化する社会に受け入れられ、ビジネスを成長させるために、ほとんどの企業・組織は、DXやGXに代表されるような変革が必要になっており、人材にも変化や変革を期待している状況がまずある。

　そして、冒険する機会も、（生活にも大きなインパクトを与え得る）転職という選択肢だけでなく、（もう少しソフトランディング的な）社内公募、社内あるいは社外と共同のプロジェクト・タスクフォース、副業・兼業、出向といった施策が、ビジネスの要請、あるいは人的資本経営に沿って多くの企業・組織において展開されており、個人としてそれらの機会を活用できるようになってきた。さらに、国が支援する、さまざまなキャリア支援のプログラムも活用できる。

　日本企業におけるデジタル人材育成は、概ね2周目に入っていると認識しており（もちろん1周目の企業もまだ多い）、GXに関する人材育成はこれから1周目が始まるところである。今後もさまざまなビジネス上の要請から継続的にリスキリングが必要になっていくであろう。

　本書の第2章・第3章は、まさにこういった旅（ジャーニー）を手助けするために執筆したものである。ぜひ、皆さんの旅における冒険の書として何度も活用いただければ幸いである。

　本書の執筆にあたり、多くの方々のサポートをいただいたことに心から感謝申し上げたい。

　まずは、コンテンツやデータを掲載する許諾をいただいた各企業・団体に御礼申し上げます。貴重なご協力を賜り、誠にありがとうございました。

　デロイト内においては、デジタル人材育成のサービス開発・提供を推進しているADXO　デジタル人材育成プラットフォーム、デロイト内組織横断活動の1つである教育コミュニティ、およびGXコミュニティ、対外マーケティングをサポートしているC&IBM部門、官公庁・地方自治体向けコンサルティングサービスを提供しているパブリックセクター部門、組織・

人事コンサルティングサービスを提供しているヒューマンキャピタル部門の各関係者の皆様に感謝の意を表したい。

　常日頃から同僚として活動をともにする中、皆様からもらえる多種多様な刺激やフィードバック、およびサポートは、かけがえのないものである。

　そして、執筆者のそれぞれの家族の方々には、執筆者への心理的・時間的サポートの感謝をお伝えしたい。

　コンサルティング業務と並行しながらの構想・執筆は楽しいことばかりではなく、時には悩んだり時間確保に苦しんだりすることもあり、それぞれの家族のサポートがなければ、進められなかったと感じている。

　最後に、株式会社すばる舎の吉田真志さんには心から感謝の意を表したい。吉田さん・弊社リサーチ＆ナレッジマネジメント担当メンバー・執筆者3名は、まさにワンチームで執筆作業を進めてきた。吉田さんの長期間にわたるコミットメントと粘り強いサポート、およびこのチーム内での活発な対話がなければ本書は生まれていなかったと考えている。

2024年4月吉日

著者一同

執筆者プロフィール

小野 隆（おの・たかし）第1章、第2章の一部、第4章の一部を執筆

デロイト トーマツ グループ　パートナー
Deloitte Tohmatsu Institute フェロー　事業会社出身。デロイト トーマツにおいて23年の人事コンサルタント経験を持ち、人事領域の包括的・統合的な変革を支援している。これまで組織再編の人事領域、HRトランスフォーメーション領域をリードし、現在はデジタル人材育成プラットフォーム事業責任者を担っている。デジタル人材育成、人事機能・組織の高度化・効率化を主な支援領域としており、最近は人事データ利活用、生成AI、GXリスキリング、タレントマッチング、タレントマーケットプレイス、労働移動などに注力している。著書に『最強組織をつくる人事変革の教科書』（共著、日本能率協会マネジメントセンター）がある。

小出 翔（こいで・しょう）第2章の一部、第3章、第4章の一部、第5章を執筆

デロイト トーマツ コンサルティング合同会社　ディレクター
DX時代における人材のリスキリング、および国・産業レベルの労働移動をテーマに、人材像の定義・人材戦略策定から採用・配置・育成・評価・処遇における、企画・構想〜実行支援まで一貫した支援を行っている。
『デジタル起点の金融経営改革』『働き方改革7つのデザイン』『ワークスタイル変革』など、執筆・寄稿多数。

町田 幸司（まちだ・こうじ）第2章の一部、第3章の一部、第4章の一部を執筆

デロイト トーマツ コンサルティング合同会社　シニアマネジャー
中央省庁を中心に、成長産業の人材育成・リスキリング政策や産業イノベーション領域での政策コンサルテーションに主として従事している。デジタル人材育成と地域産業・雇用創造を両輪としたデロイト トーマツ グループ全体の取り組みのリーダーを担い、特に近年はリスキリングによる人材の高付加価値化と成長産業への労働移動実現に尽力している。

関与メンバー

大畑 静美　　　　林 もと香　　　　渋谷 拓磨

カバー・本文イラスト ：turn_around_around〔Adobe Stock〕#561190294（カバー）/#560753196（第 2 章・アイコン）
Book Design ：山田知子（チコルズ）
DTP・図版制作 ：朝日メディアインターナショナル
校正 ：鴎来堂

未来のキャリアを創る
リスキリング

2024 年　5 月 27 日 第 1 刷発行

著　者 ── 小野 隆・小出 翔・町田 幸司
発行者 ── 徳留 慶太郎
発行所 ── 株式会社すばる舎
　　　　　〒 170-0013 東京都豊島区東池袋 3-9-7 東池袋織本ビル
　　　　　TEL　03-3981-8651（代表）03-3981-0767（営業部直通）
　　　　　FAX　03-3981-8638
　　　　　URL　https://www.subarusya.jp/
印　刷 ── 株式会社シナノ

変化に強く、イノベーションを生み出す
ネットワーク型組織のつくり方

北郷 聡・橋本 洋人

なぜ、今、ネットワーク型組織が注目されるのか？　メリット、デメリットは何か？
ネットワーク型組織の本質を解き明かし、成功要因を事例から抽出。自社に導入、運用するための手順と留意点を徹底解説。さらに、人材の要件から人事制度の設計、コンフリクトの解消まで、ネットワーク型組織に関するすべてを一冊に網羅した決定版！

A5判・328ページ

定価　3,000円＋税

最新のHRテクノロジーを活用した
人的資本経営時代の持続可能な働き方

民岡 良

人材を「資産」として考える現代。これから問われる経営品質と HR 実務のヒント。すべての社員が強みを発揮してイキイキと活躍させるための考え方と具体的な方法。HR テクノロジーは何を助け、実現できるのか？「持続可能性」が「働き方」にも問われる時代に合った人材の捉え方と人事施策とは。「人」と「仕事」「役割・ジョブ」の最適なマッチングから優れたパフォーマンスを継続的に発揮させる方法がわかる！

A5判・288ページ

定価　2,500円＋税